유튜브는 처음입니다만

채널 기획부터 스타 유튜버가 되기까지
크리에이터를 위한 10가지 성공 도구

 서민재 지음

유튜브는 처음입니다만

 카시오페아
Cassiopeia

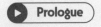

유튜버가 되는 가장 쉬운 방법

여기 가장 쉽게 유튜버가 되는 방법이 있다. 유튜브 계정을 만들고 채널을 개설하면 된다. 끝이다. 당신은 이제 유튜버의 길에 들어섰다. 단, '성공한' 유튜버가 되기 위해서는 아직 갈 길이 멀다.

이 책을 집어 들었다는 것은 당신이 유튜브에 관심을 가지고 있다는 증거이다. 그렇다면 왜 유튜브가 대세라고 생각하는가? 앞으로도 유튜브가 흥할 것이라고 예상하는가? 영상 콘텐츠는 어떤 가치를 지니고 있다고 생각하는가? 결론부터 말하자면, 유튜브와 같은 영상 콘텐츠를 향한 골드러시는 앞으로도 계속될 것이다. 이 전망에 대한 근거는 다음과 같다.

우리 사회는 기술 발달의 수혜로 기계화, 자동화되고 있다. 여기에 주 52시간 근무제 시행으로 사람들의 노동시간은 계속 줄어들고 있다. 이는 자연스레 여가 시간 및 콘텐츠 소비의 증가로 이어질 것이다.

1인 가구, 1인 문화의 확산도 영상 콘텐츠 소비량 증가에 힘을 보탠다. 또한 영상으로 모든 것을 해결하는 Z세대와 그 이후 세대에게 영상은 삶의 일부이다. 발 빠른 미디어 기업들은 1년 수익의 대부분을 재투자하며 콘텐츠 확보에 총력을 기울이고 있다.

영상은 그 자체로 이야기가 된다. 영문학자 존 닐John Niels은 "인간은 이야기하려는 본능이 있고 이야기를 통해 사회를 이해한다"고 말했다. 이처럼 스토리텔링을 좋아하는 인간에게 영상은 가장 최적화된 미디어 도구인지도 모른다. 영상은 읽거나 이해하는 수고로움 없이 편리하게 습득할 수 있다. 글, 사진, 영상 중 가장 효과적인 광고 방법이 무엇인지 생각해보면 쉽게 이해된다.

자율주행 자동차는 또 어떤가. 자율 주행이 가능해진 차량의 내부는 스크린으로 채워질 것이다. 그리고 사람들은 차 안에서 남는 시간을 활용하여 더욱 적극적으로 영상을 소비할 것이다. 가상현실, 증강현실 등의 기술뿐 아니라 공유와 협업을 통한 우리 사회의 집단 지성은 더욱 다양한 콘텐츠를 만들어낼 것이다. 미래는 동영상이 지배할 것이다. 영상 콘텐츠는 미래의 또 다른 이름이다.

　이와 같은 영상 콘텐츠의 중심에 유튜브가 있다. 영상 콘텐츠의 가치를 따져보면, 유튜브에 지금처럼 많은 자본과 인력이 집중되는 것은 매우 자연스러운 현상이다. 유튜브로 인한 개인과 사회의 변화를 접하면 접할수록 확신이 생긴다. 유튜브는 당분간 그 자리를 내어주지 않을 것이다. 언론과 대중도 여기에 확신을 갖고 있는 듯하다. 그 증거로 유튜브 경쟁이 점점 치열해지고 있다. 그렇다면 포기해야 할까? 과연 평범한 사람이 유튜브를 시작해도 괜찮을까?

　유튜브의 매력 중 하나는 '누구나' 시작할 수 있다는 것이다. 정말 그렇다. 돈 한 푼 없어도 내가 좋아하는 것을 선택해서 시작하면 된다. 중요한 것은 그 다음이다. 언론은 유튜버의 수입과 유명세에 집중하고 있지만 현실은 녹록치 않다. 그들은 성공하기까지 수많은 시간동안 엄청난 노력을 했고, 그 성과를 유지하기 위해 지금까지도 고군분투하는 중이다. 꾸준히 콘텐츠를 기획하고, 자신의 시간을 관리하고, 구독자들과 좋은 관계를 유지한다. 매일 보이지 않게 노력하고, 매일 자기 자신을 극복하고 있다. 그들의 삶은 우리가 생각하는 것과는 달리 결코 편하지 않다. 그래서 유튜브의 또 다른 매력은 '아무나' 성공할 수 없다는 것이다. 누구나 시작할 수 있지만, 아무나 성공할 수 없는 것. 이것이 유튜브 크리에이터의 길이다.

　사실 '성공한' 유튜버가 되는 쉬운 방법은 없다. 고민과 고민을 거듭해야 한다. 이 책은 그 고민에 작은 도움을 주고자 하였다. 각 장의 내용은 다음과 같다. 1장에서는 유튜브가 주름잡고 있는 이 시대의 모습을 살펴본다. 방송, 광고를 넘어선 오늘날 유튜브의 영향력을 확인할 수 있다. 2장에서는 국내외 유튜브 크리에이터들의 성공 사례를 다루었다. 그들의 성공을 따라가며, 그들이 유튜브에서 성공할 수밖에 없었던 요인을 담았다. 3장에서는 앞선 다양한 사례를 바탕으로 유튜브 성공 전략 10가지를 제시한다. 유튜브에서 성공하기 위한 확실하고 구체적인 방법을 정리했다. 단순하게 구독자를 늘리기 위한 방법이 아닌, 자신에게 맞는 방향과 속도로 채널을 키워가는 법을 살펴보고자 한다. 4장에서는 유튜브의 과거를 돌아보고 현재를 점검하며 미래를 살펴본다. 또한 영상 트렌드의 변화와 함께 미래의 유튜브 모습을 예측한다. 부록에서는 영상 장비, 촬영, 편집 등에 대한 내용을 간략하게 다루었다.

처음부터 큰 꿈을 갖고 시작한 크리에이터는 많지 않다. 하지만 유튜브는 그들에게 새로운 경험과 기회를 주었다. 그들은 유튜브로 기대 이상의 성과를 거두었다. 당신과 우리가 유튜브로 무엇을 얻을 수 있을지는 아무도 모른다.

그래도 망설이고 있다면, 우리 사회의 분위기 때문이리라. 우리 사회에는 한 번 실패하면 끝이라는 생각이 만연해있다. 하지만 무엇이든 성공 확률보다 실패 확률이 큰 법이다. 실리콘밸리의 스타트업은 평균 4번의 실패를 경험한다고 한다.

유튜브도 예외일리 없다. 하지만 걱정할 필요도 없다. 유튜브 채널 운영에 실패한다고 해도, 당신이 잃는 것은 투자한 시간 정도이다. 이 정도면 괜찮은 도전이지 않은가? 유튜브에서는 정말 실패해도 괜찮다. 유튜브는 충분히 도전할 가치가 있다.

이제 유튜브에서 성공을 찾는 방법에 대한 이야기를 시작하려 한다. 이 길이 가장 쉬운 길은 아니지만 하나의 지름길이 되리라 확신한다. 이 책을 통해 당신이 유튜브 성공에 한 걸음 더 가까워지길 간절히 바란다.

차례

3장 성공한 크리에이터들의 10가지 핵심 전략

4장 '좋아요' 길을 걷는 유튜브의 현재와 미래

실전에서 바로 써먹는 유튜브 Check list

1장

유튜브 시대에 오신 것을
환영합니다

▶ 1. 연예인 vs. 유튜버
_유세윤은 몰라도 공대생은 아는 시대

　혹시 공대생에 대해 들어본 적 있는가? 뜬금없이 웬 '공과대 학생' 얘기를 하는지 의아하다면 당신은 유튜브 입문자이거나 30대 이상 연령대일 확률이 높다. '공대생'은 유튜브에 자신의 영상을 업로드하는 크리에이터, 흔히 말하는 유튜버의 이름이다. 세상에 대한 호기심을 다양한 콘텐츠로 풀어내는 채널을 운영하고 있다. 그럼 유세윤이라는 사람은 알고 있는가? 맞다, 당신이 생각하는 그 개그맨 말이다. 유세윤은 KBS 공채 개그맨으로, 우리나라 사람이라면 대부분 알고 있는 연예인이다.

　공중파 유명 개그맨과 평범한 대학생 유튜버가 인지도 대결을 한다고 가정해보자. 연예인과 일반인의 인지도를 비교한다는 것 자체가 불공정하다고 생각할 수도 있다. 그래도 한 번 예상해본다면 당신은 이 대결의 승자로 누구를 선택하겠는가.

유세윤과 공대생의 대결은 실제로 성사되었다. 두 사람은 한 초등학교 앞에서 지나가는 학생들을 붙잡고 '둘 중에 누가 더 좋은지' 즉석에서 질문을 던졌고 이 과정을 영상으로 담았다. 대결의 결과는 충격적이었다. 단 한 표도 받지 못한 유세윤의 처참한 패배였다. 13년차 유명 방송인은 4년차 유튜버에게 무릎을 꿇어야 했다. 물론 초등학생만을 대상으로 한 길거리 인지도 조사였고, 연출한 부분이 있었을지 모른다. 유튜버 공대생이 특유의 유쾌함으로 특히 어린 학생들에게 인기가 많은 것도 사실이다. 하지만 이 대결은 유튜브로 인한 세상의 변화를 보여주기에 충분하다. 유세윤은 패배를 인정하며 이런 말을 남겼다.

"진짜 유튜브 세상이고, 유튜버들이 아마 세상을 지배하지 않을까 싶어요."

누군가에겐 충격이지만 다른 누군가에겐 당연한 결과이다. 두 사람의 대결이 이뤄진 시기가 2017년이니 지금은 이런 현상이 더 심화되었다. 구독자수가 이를 극명하게 보여준다. 공대생의 유튜브 채널인 '공대생 변승주' 구독자 수는 200만여 명, 유세윤 채널 '유세유니 대단해'의 구독자 수는 10만 명이 채 되지 않는다. 심지어 이 대결 영상을 동일한 내용으로 각자의 유튜브 채널에 올렸는데 조회 수 차이가 엄청나다. 유세윤 채널은 약 2,900회의 조회 수를 기록한 반면, 공대생 채널은 약 1,130,000회를 기록했다(2019년 3월 기준). 약 400배 차이다.

기술의 발달과 미디어의 변화는 유튜브라는 플랫폼의 탄생을 촉발했고, 유튜브가 우리 삶의 모습을 변화시키고 있다. 이제 세상은 TV가 아닌 유튜브로 인해 바뀌고 있다. 미국의 한 주간지에서 고등학생을 대상으로 '가장 좋아하는 연예인이 누구인가?'를 묻는 설문조사를 실시했는데, 응답 결과를 보니 1위부터 6위까지 모두 유튜버였다. 미국뿐 아니라 아시아, 유럽 등 다른 나라에서도 비슷한 경향을 보였다. 다른 설문에서는 유튜브 크리에이터가 10대들의 삶에 미치는 영향을 확인할 수 있다. 10대 대다수는 유튜버가 친구, 가족보다 자신을 더 잘 이해한다고 응답했다. 또한 크리에이터가 자신의 삶을 바꾸어 놓았다고 이야기했다. 이처럼 일반인이 연예인보다 대중의 눈길을 끌고, 주류 미디어와 비주류 미디어의 구분이 모호해진 상황이다. 과거에는 이런 일을 상상이나 했겠는가.

아직도 TV, 라디오, 신문만을 바라보며 과거의 향수에 젖어있다면 유튜브 속 무한한 세상을 여행해보라고 꼭 권하고 싶다. 이 여행은 과거 속에 머물러 있는 당신에게 현재를 직시할 수 있는 눈, 그리고 다른 세대와 소통하며 살아갈 수 있는 힘을 줄 것이다.

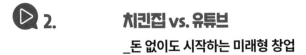

치킨집 vs. 유튜브
_돈 없이도 시작하는 미래형 창업

인터넷에 떠도는 농담 중 '한국 학생들의 진로'라는 것이 있다. 한국 학생들이 문과, 이과 중 어느 길을 선택하든 결국 굶어죽거나 치킨집을 운영하게 된다는 내용이다. 이 도표에 따르면 한국인의 인생은 '기-승-전-치킨'이다. 우리 사회의 슬픈 현실을 풍자한 것으로 쓸쓸한 웃음을 자아낸다.

실제로 우리나라는 치킨 공화국이라 불릴 만하다. 2019년 기준, 국내 치킨 가맹점 수는 24,000개 이상으로 외식업 중 가장 많은 수를 차지한다. 이는 국내에 등록된 410여 개의 치킨 브랜드 사업자만 집계한 것으로, 개인 사업자 및 동네 상권까지 포함하면 전국의 치킨집은 4만 곳을 넘을 것으로 예상된다. 오죽하면 전 세계에 있는 맥도날드 매장보다 한국에 있는 치킨집이 더 많다고 하겠는가. 외식업에 대한 정부의 정책이나 사회 제도적인 문제도 있지만, 이렇게까지 많은 사람들이 치킨집 창업에 뛰어드는 이유는 만만해 보이기 때문이다. 그래서 깊은 고민 없이 시작하는 것이다. 하지만 당신에게 만만한 것은 다른 사람에게도 그러하다. 치킨집 창업이 진입 장벽이 낮고, 경쟁이 심할 수밖에 없는 이유다.

이처럼 한국 자영업의 상징이자 은퇴자의 로망인 치킨집은 쉽게 시작할 일이 아니다. 차별화 전략, 명확한 비전이 없는 창업은 무모하고 위험하다. 불속으로 뛰어드는 불나방과 다르지 않다. 과연 창업이라 부를 수 있는지 의문까지 든다. '직장 그만두고 치킨집이나 할까'라고 쉽게 생각할 문제가 아닌 것이다.

차라리 미래형 창업으로 유튜브를 시작해보면 어떨까? 당신의 유튜브 채널이 일정 수준 성장하여 광고 수익이 발생한다는 가정 하에, 유튜브를 창업의 관점으로 바라보자. 그리고 치킨집 운영과 유튜브 채널 운영을 비교해보고자 한다.

첫째, 사업의 수요 면이다. 꾸준히 증가하던 국내 치킨 소비량이 주춤하고 있다. 국내 치킨 점포수는 매년 10% 넘게 늘다가 현재 일정 수준을 유지하고 있다. 하나의 점포가 생기면, 다른 하나의 점포는 망하는 식이다. 하지만 유튜브의 수요를 확인해볼 수 있는 '유튜브 시청 시간'은 폭발적으로 증가하고 있다. 유튜브는 한국인이 가장 많이 사용하는 어플리케이션 중 하나이다. 또한 소비자가 매일 치킨을 먹을 수는 없지만, 시청자가 매일 유튜브 영상을 시청하는 것은 그리 어려운 일이 아니다.

둘째, 제품의 유통 면이다. 치킨집의 제품은 치킨이고 유튜버에게 제품은 영상 콘텐츠이다. 당신이 아무리 맛있는 치킨을 만들고 홍보해도 이를 해외에 팔기는 어렵다. 하지만 유튜브에서는 당신이 만든 제품인 콘텐츠를 해외에 납품하는 게 가능하다. 아니, 무척 쉽다. 세계인들이 원하는 영상만 만들어낼 수 있다면 말이다. 당신은 집에서 인터넷이 되는 곳이라면 어디로든 영상을 보낼 수 있다. 과거에는 상상도 할 수 없었던 '유통의 혁명'이다.

셋째, 제일 중요할 수도 있는 창업 비용 면이다. 정도의 차이는 있지만 치킨집 개업을 위해서는 당신의 퇴직금 대부분이 필요하다. 만약 치킨집 운영에 실패라도 한다면 투자 비용을 돌려받기 힘들다. 하지만 유튜브는 스마트폰 하나와 아이디어만 있으면 된다. 자본이 거의 들지 않으며, 실패해도 상관없다. 오히려 실패가 경험이 되어 다음 채널의 밑거름이 되기도 한다. 또한 치킨집은 직장을 다니면서 시작하기 힘들지만, 유튜브는 시기나 장소와 상관없이 지금 당장 시작할 수 있다.

이래도 대한민국 치킨 게임에 뛰어들 것인가? 치킨집 창업이 무조건 나쁜 선택이라는 말이 아니다. 유튜브가 무조건 좋다는 것도 아니다. 다만 유튜브는 시대 흐름에 맞는 선택이기에 현실적인 창업이 될 수 있다는 것이다. 쉽게 시작할 수 있으며 실패해도 재기 가능성이 있는, 매력적인 미래형 창업 아이템이 분명하다.

▶ 3. 박사 학위자 vs. 인기 유튜버
_박사 타이틀보다 유튜브 채널이 좋은 이유

고학력의 상징인 '박사 타이틀'이 성공을 보장하던 시절이 있었다. 하지만 지금은 박사가 넘치는 세상이다. 이제 박사 학위만 믿고 좋은 일자리를 기대하기 힘들다. 박사 취업자 중에서 무려 40%가 비정규직에 종사한다는 조사 결과도 있다. 서울대를 졸업하고 도쿄대에서 박사 학위를 받은 엘리트가 9급 공무원에 합격해 화제가 되기도 했다. 가족과 더 많은 시간을 보내기 위해 선택한 길이라고 한다. 삶의 여유 때문에 학위를 내려놓다시피 한 그를 보며, 이제 우리 사회에서 박사 학위가 어떤 의미를 갖게 되었는지 생각하게 된다.

박사 학위 취득자는 계속해서 늘고 있다. 2017년 한 해 동안 우리나라에서 박사가 된 사람이 만 4천 명이 넘는다. 해외에서 박사 학위를 취득한 사람까지 합치면 그 수치는 더 늘어난다. 혹자는 이런 세태를 보고 '박사를 찍어낸다'고 표현한다. 단순히 박사가 넘치는 현상은 문제가 없어 보인다. 고학력은 좋아 보이기 마련이다. 문제는 많은 사람들이 뚜렷한 계획 없이, 취업의 도피처로써 박사의 길을 걷고 있다는 것이다. 통계청 e-나라지표 자료에 따르면, 박사 과정 후 별다른 계획이 없는 사람이 62%에 이른다. 일반적으로 학부 시절 4년을 포함하여 박사가 되기까지 10년의 시간이 소요되며, 학비와 생활비까지 수천만 원의 돈이 들어간다. 박사 취득자는 그 노고와 전문성에 정당한 대가를 받아야 하지만 현실은 그렇지 못하다.

모든 대학원생이 그렇진 않겠지만 많은 이들이 박사를 꿈꾸는 이유는 좋은 직업을 얻기 위해서다. 그렇다면 직업적 측면에서 박사 학위자와 인기 유튜버는 어떻게 다를까? 각각 '일이 잘 풀려' 교수로 임용된 경우, 구독자 10만 명을 확보한 경우로 가정하여 네 가지 측면에서 비교해보자.

첫째, 사회적 인정의 측면이다. 교수는 해당 분야에 대한 공식적인 인정을 받은 자리이다. 학문적 성취이자 권위이다. 사회가 인정한 공식적 전문가이다. 이에 비해, 성공한 유튜브 채널을 운영하는 크리에이터는 '비공식적' 전문가이다. 자신의 분야에서 많은 사람들의 지지를 받고 수만 명의 구독자를 얻은 크리에이터는 재야在野의 전문가로 인정을 받는다. 물론 사회적 인정, 지식의 전문성 면에서는 박사가 우위를 점한다. 그러나 대중과의 친밀도, 쉽고 실용적인 지식의 전달 면에서는 유튜버가 우세하다.

둘째, 이름 석 자를 세상에 알리는 '퍼스널 브랜딩'의 측면이다. 교수의 '종이 명함'과 입소문은 학계를 벗어나기 힘들다(최근에는 강연, 저술 등 대중적인 활동으로 대중에게 친근한 분들도 있다). 반면 유튜브 채널과 콘텐츠는 '인터넷 명함'이 되어 24시간 쉬지 않고 세계를 돌아다닌다. 당신이 밥을 먹고 잠을 청할 때도 당신을 위해 일한다. 콘텐츠만 뒷받침된다면, 비교적 쉽게 세상에 '나'를 드러낼 수 있다.

셋째, 경제적 수입의 측면이다. 일반적으로 교수는 수천만 원에서 억대에 이르는 연봉을 받는다. 10만 구독자를 보유한 유튜버라면 대기업 연봉 수준의 소득을 얻을 수 있다. 다만, 유튜버는 조회 수와 시청 시간 변화에 따라 광고 수익이 들쑥날쑥하다. 따라서 일정 궤도에 오르기까지 많은 노력을 기울여야 한다.

마지막으로, 미래 전망은 어떨까. 정부는 유튜브를 비롯한 1인 미디어 관련 산업을 육성하기 위해 움직이고 있다. 국제 미디어 시장을 노린 것으로 가까운 미래에 콘텐츠 산업이 중요해지기 때문이다. 이와는 반대로 교수는 미래에 사라지거나 크게 감소할 직업으로 꼽힌다.

박사가 될 것인가, 유튜버가 될 것인가? 만약 '도피처'로서 석박사 학위를 준비하고 있다면, 학문에 뜻이 있지 않다면 유튜브에 도전하는 게 더 의미 있을지 모른다. 혹시 박사의 길이 타인에 의한 선택이라면, 유튜브에 그 시간과 열정을 투자하는 게 더 경제적일 수도 있다.

박사라는 권위에 도전하거나, 그들의 노고를 폄하할 생각은 전혀 없다. 다만 비전 없이 시작하는 박사 과정보다, 당장 시작하는 유튜브가 더 효율적인 인생 설계 방안일 수 있다는 것이다. 미래 전망과 효용성을 생각한다면 박사 학위를 준비하는 것보다 유튜브 채널을 준비하는 것이 더 나을 수 있다는 것이다. 이것이 현재 우리나라에서 박사 학위보다 성공한 유튜브 채널이 더 좋은 이유이다.

▶ 4. 공중파 광고 vs. 유튜브 광고
_유튜브가 뒤집은 세상

유튜브가 광고 시장을 뒤집으면서 전통적인 광고의 대표 격인 공중파 TV광고는 서서히 몰락하고 있다. MBC, KBS는 15년 사이 광고 매출이 절반으로 떨어졌다. 이 하락세는 앞으로도 지속될 것이다. 닐슨코리아에 따르면, 2018년 국내 주요 카드사 중 5곳은 TV 광고비를 한 푼도 지출하지 않았다고 한다.

특히 신한카드는 거의 10년째 TV광고를 하지 않고 있다. 대신 모바일에 집중하고 있다. 최근 신한카드 유튜브 채널에 올라온 〈신한 Pay FAN〉 광고는 유쾌하고 감각적인 영상으로 큰 호응을 얻고 있다. 영상의 조회 수는 1,200만 회를 돌파했다(2019년 3월 기준). 20~30대의 공감을 이끌어내는 트렌디한 영상 하나로 엄청난 노출 효과를 누린 것이다. 덕분에 신한카드 채널의 구독자 수가 급증하기도 했다. 앞으로도 신한카드가 TV광고에 돈을 쓸 일은 없어 보인다.

'웹드라마' 형식의 카드 광고도 활용되고 있다. 유튜브에 10분~20분 분량의 스토리가 있는 연재물을 업로드하여, 시청자에게 간접적으로 카드를 노출하는 것이다. 사회초년생을 집중 공략해야 하는 카드사의 경우, 웹드라마를 비롯한 동영상 광고의 활용이 필수적이다. 과거와 같은 방식의 TV광고는 젊은 세대에게 적절하지 않다.

이렇게 광고의 판이 바뀌는 이유는 무엇일까? 쉽게 말해, 유튜브 광고는 비용 대비 큰 효율성이 지닌 광고이다. 기존 공중파 광고는 TV 프로그램 사이의 한정된 시간을 잘게 나누어 진행되었다. 따라서 비싼 광고비를 들여도 짧은 분량의 광고만 가능했으며, 계약 기간도 정해져 있었다. 공중파 방송이기에 심의 기준을 맞추기도 어려웠다. 반면 유튜브 광고는 분량이나 기간의 제약이 없다. 링크를 통해 인터넷 어디로든 공유가 가능해 활용도 또한 높다. 심의에서 자유로운 것은 물론이고, 언제나 소비자와 만날 수 있다는 장점이 있다. 타깃 소비자를 노릴 수도 있다.

광고의 모델 역시 변하고 있다. 과거에는 누구나 아는 유명 연예인이 나와서 제품을 홍보했지만, 이제는 인플루언서Influencer(인터넷 상에서 영향력을 발휘하는 사람)를 활용하고 있다. 거리감이 느껴지는 연예인과 달리 인플루언서는 시청자에게 편안하고 친숙한 느낌을 주기 때문이다. 미디어의 홍수 속에 사는 현대인은 진정성 없는 콘텐츠를 거부한다. 완벽한 모습의 연예인이 보란 듯이 화장품을 들고 있는 장면보다, 친숙한 유튜버가 화장품을 사용하는 일상적인 모습이 더 큰 광고 효과를 발휘한다.

온라인 시청자들은 인플루언서가 주는 정보를 긍정적으로 생각한다.

Z세대는 이러한 경향이 더욱 두드러진다. Z세대란 1990년대 중반부터 2000년대 초반 사이에 태어나 출생과 동시에 디지털 환경에 노출된 세대를 지칭한다. '디지털 원주민Digital Native'으로 불리는 이 세대는 적극적으로 영상 콘텐츠를 소비한다. 이들에게 동영상은 일상이다. Z세대가 소비자 대열에 합류하면서, 광고업계는 동영상 콘텐츠의 강화와 인플루언서 확보에 더욱 집중하고 있다.

광고 포맷의 변화도 눈여겨 볼만하다. 광고인지 아닌지 헷갈리는 광고가 많다. 직접적으로 상품을 노출하지 않고, 상황을 통해 우회적으로 광고를 하거나 은유적인 메시지로 대중에게 다가가고 있는 것이다. 앞으로도 '광고 같지 않은 광고'는 증가할 것이다.

미디어 트렌드의 변화, 비용 대비 노출의 효율성, 시청자의 까다로운 성향 등을 이유로 공중파 TV광고는 계속 고전을 면치 못할 듯하다. 전통적인 광고회사들 역시 이러한 흐름에 난색을 표하고 있다. 만약 이들이 수십 년간 해오던 방식을 그대로 고수한다면, 이 난관을 극복하기 어려울 것이다. 지금의 변화는 일시적 현상이 아니라 지속될 '흐름'이기 때문이다.

유튜브는 방송과 광고를 넘어 음악, 출판, 영화 등 다른 산업의 모습도 바꾸고 있다. 유튜브의 손이 닿지 않는 곳이 없을 정도이다. 불과 10년 전만 해도 상상하기 힘든 현실 속에 우리가 있다. 정말 유튜브가 세상을 발칵 뒤집고 있다.

▶ 5. 레드오션 vs. 블루오션
_아무것도 안하면 아무것도 못한다

현재 시대의 대세는 유튜브다. 이것은 누구도 부인할 수 없다. 다만 논란의 여지가 있는 것은 유튜브 시장이 레드오션인가 블루오션인가 하는 문제이다. 연예인, 일반인 할 것 없이 수많은 사람들이 유튜브에 뛰어드는 상황을 보고 누군가는 '이미 레드오션'이라고 말한다. 반대로, 미개척 분야가 있으며 유튜브 성장 가능성이 무궁무진하다는 이유를 들어 '아직 블루오션'이라고 말하는 사람도 있다. 과연 유튜브는 빨강색일까? 파랑색일까?

유튜브가 레드오션이라고 간주되는 가장 큰 이유는 유튜브 채널의 수가 눈에 띄게 증가하고 있기 때문이다. 당장 주변만 둘러봐도 어린 아이부터 직장인까지 '나도 유튜버'를 외치는 사람들이 넘쳐난다. 쉽게 접할 수 있고, 쉽게 도전할 수 있기에 지금도 많은 사람들이 유튜브 판에 뛰어들고 있다. 그런데 묻고 싶다. 그들 중 유튜브 채널을 제대로 운영하는 사람이 얼마나 되는지 말이다. 여기서 제대로란, '자신이 좋아하는 주제의 영상을 일주일에 2회 이상 업로드하며 1년 이상 지속하는' 것이다.

유튜브를 시작하기는 쉽지만, 지속하기는 어렵다. 성공한 유튜브 채널을 일구기 위해서는 끊임없이 고민하고, 행동해야 한다. 그리고 부지런해야 한다. 이것이 중요한 부분이다. 만약 당신이 채널을 '제대로' 운영한다면, 당신의 경쟁 상대는 채널을 '제대로' 운영하고 있는 비교적 소수의 사람들뿐이다. 올바른 방법으로 꾸준히 운영되는 채널의 수만 따진다면, 유튜브는 아직 블루오션이다.

그래도 쟁쟁한 경쟁자가 너무 많은가? 그렇다면 조금 더 멀리 보면 된다. 1년 이상 꾸준히 콘텐츠를 올렸는데도 빛을 보지 못했다면? 2년, 3년, 계속 하면 된다. 그때까지 당신의 경쟁상대로 남아있는 채널은 많지 않을 것이다. 유튜브는 결국 꾸준하게 오래 버티는 사람이 이긴다. '이게 말이 쉽지 어떻게 수년을 버틸 수 있냐'고 반문할 수도 있다. 그래서 또 중요한 포인트는 '자신이 정말 좋아하는 일'로 시작하는 것이다.

자신의 채널 구독자가 증가하지 않는다는 이유를 들어 유튜브가 포화상태라고 이야기하는 이도 있다. 하지만 이를 탓하기 전에 자신의 영상을 한번 보기 바란다. 스스로 보기에 재미있는 영상인가? 보는 이를 빠져들게 만드는 몰입도가 있는가? 아님 정말로 유익한 정보를 담고 있는가? 여기에 하나라도 '그렇다'는 대답을 하지 못했다면, 저조한 조회 수는 콘텐츠 탓일 확률이 크다. 레드오션이라고 지레 겁먹고 누군가

도전을 망설이는 지금 이 순간에도, 유튜브의 신흥강자는 계속해서 등장하고 있다.

그들이 간과하고 있는 또 한 가지 사실이 있다. 채널이 늘어나는 속도보다 더 빠르게 유튜브 시청 시간이 증가하고 있다는 사실이다. 유튜브 이용 시간은 2012년에 비해 10배 증가했다. 10대에게 유튜브는 일상이며, 20~30대는 TV 대신 유튜브를 본다. 중장년층, 노년층까지도 유튜브의 매력에 빠져들어 전 연령대에서 이용 시간이 증가하고 있다. 유튜브는 검색 엔진search engine으로서도 네이버를 앞지를 기세이다. 여기에 주 52시간 근무제 시행, 자동화 기술 증가에 따른 여가 시간의 증가도 유튜브 시청 시간 증가에 긍정적인 신호로 작용할 것이다.

유튜브는 1분에 무려 5백 시간 분량, 하루에도 80년 치의 영상이 올라오는 공간이지만 수치만 보고 겁먹을 필요는 없다. 저 많은 영상들이 모두 당신의 경쟁 상대는 아니다. 유튜브의 진입 장벽이 과거에 비해 높아진 것은 맞지만, 두려워 발조차 담그지 않기엔 아직 그 가능성이 충분하다.

시장의 성장 없이 경쟁만 가열되고 있다면 레드오션이 맞다. 하지만 유튜브는 경쟁의 심화와 함께 시장이 엄청나게 성장하고 있다. 유튜브는 제로섬 게임이 아니다. 유튜브라는 파이는 점점 커지고 있기 때문이다. 커지는 파이의 한 조각을 얻기 가장 좋은 때는 바로 지금이다.

영상 콘텐츠로 성공한
스타 크리에이터를 구독해보자

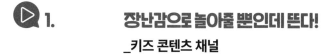

1. 장난감으로 놀아줄 뿐인데 뜬다!

_키즈 콘텐츠 채널

2017년 국내 유튜브 최고 인기 동영상은 무엇일까? 바로 '핑크퐁' 채널의 〈상어 가족〉 영상이다. 미취학 아동이 있는 부모라면 한번쯤 보았을 이 영상에는 아기 상어와 엄마, 아빠 등 상어 가족 캐릭터가 등장한다. 귀여운 애니메이션을 배경으로 동요가 흘러나오는데 '뚜루루 뚜루'라는 후렴구가 인상적이다.

모바일 콘텐츠 기업 '스마트스터디'에서 만든 이 영상은 2015년 공개 이후 수십억 회의 누적 조회 수를 기록하고 있다. 가히 〈상어 가족〉 신드롬이라 불러도 어색하지 않을 정도다. 그렇다면 이 유아용 영상이 어떻게 유명 유튜브 크리에이터들의 콘텐츠를 제치고 국내 최고의 동영상이 되었을까? 키즈 분야 채널의 사례를 통해 그들의 유튜브 성공 전략을 살펴보자.

확실한 주제와 구독자 연령대

유튜브에서 구독자를 늘리기 위해 중요한 것은 주제의 일관성이다. 사람들은 아무 채널이나 구독하지 않는다. 방문한 채널이 나에게 도움을 줄 것이라 판단될 때, 관련 소식을 더 받아볼만한 가치가 있을 때 구독을 한다. 당신이 전자제품에 관심이 많다는 가정 하에 다음 두 가지 상황을 살펴보자.

첫 번째는 당신이 유튜브에서 전자제품을 검색해보다가 원하는 리뷰 영상을 알게 되었다고 가정해보자. 내용이 유익해서 영상을 업로드한 유튜버의 채널에도 방문해봤더니 먹방, 여행, 게임 방송이 혼재되어 있다면 어떤 생각이 들까? 앞으로 어떤 콘텐츠가 업로드될지 예상되지 않기에 채널을 구독하고 싶지 않을 것이다.

두 번째 상황은 우연히 본 전자제품 리뷰를 따라 채널에 방문했는데 전자제품 영상만 전문으로 업로드한 채널이다. 최신 핸드폰, 청소기 등 다양한 제품의 리뷰가 있다. 당신은 앞으로도 다양한 전자기기에 대한 정보를 얻기 위해 이 채널을 구독할 확률이 높다.

일관된 콘텐츠는 유튜브 채널 성장의 중요한 요소이다. 한 분야의 내용을 가지고 채널을 운영하면 콘텐츠의 깊이와 전문성도 갖게 된다. 그렇다면 어떻게 해야 이런 채널을 기획할 수 있을까? 정답은 채널의 주제와 구독자의 연령대를 확실하게 정하는 것이다. 주제와 타깃 구독자에 따라 채널의 방향이 크게 달라지기 때문이다.

먼저, 채널의 주제는 구체적이어야 한다. 예를 들어 리뷰 채널을 운영하고자 한다면, 전자제품 리뷰인지 장난감 리뷰인지를 결정해야 한다. 만약 장난감 리뷰 채널이라면 키덜트 장난감 전문인지, 아동용 장난감 전문인지에 대해서도 확실하게 노선을 정하는 것이 좋다.

다음으로 구독자의 '연령대'를 설정한다. 아동용 장난감 리뷰로 채널의 주제를 정했다면, 당신은 어느 연령대에 있는 구독자를 목표로 영상을 만들고 싶은가? 영유아를 대상으로 할 것인지, 그 이후 연령대의 아동을 대상으로 할 것인지, 구체적인 연령대를 정하라.

채널의 주제와 구독자의 연령대를 구체적으로 잡을수록 채널의 정체성을 살릴 수 있다. 주제와 타깃을 어떻게 잡느냐에 따라 영상의 시청자가 달라지고, 콘텐츠 자체도 달라지기 때문이다. 채널 정체성이 확실해야만 타깃 구독자에 특화된 콘텐츠를 만들 수 있다. 고정 구독자를 확보하기도 좋다.

유튜브 채널 '[토이푸딩] ToyPudding TV'는 인형을 가지고 노는 모습을 영상으로 보여준다. 누군가 소꿉놀이하는 장면을 지켜보는 것처럼 말이다. 이 채널은 콘텐츠의 주제와 타깃 구독자가 명확하다. 여기에 키즈 분야 콘텐츠의 특성을 활용하여 크게 성장했다. 이 채널은 2014년에 유튜브 운영을 시작해 현재 구독자 수가 무려 2,260만 명(2019년 3월 기준)이 넘는다.

유튜브에서 국내 이용자만으로 구독자 300만 명을 달성한 채널은 많지 않다. 따라서 '토이푸딩'의 천만 단위 구독자 수는, 대부분 해외에서 유입되었다는 것을 의미한다. 실제로 이 채널은 국내뿐 아니라 전 세계에서 인기이다.

'토이푸딩' 영상에는 운영자의 얼굴이 등장하지 않는다. 목소리도 안 나온다. 오로지 사람의 손, 장난감의 등장만으로 2,200만 구독자를 달성했다. 장난감으로 놀아줄 뿐인데 말이다. 주제와 타깃이 확실한 콘텐츠를 꾸준하게 생산했기에 가능한 일이었다. 타깃 구독자인 영유아 아동에 대한 이해를 바탕으로 제작한 영상이 유효했고, 비언어적 콘텐츠를 통한 세계 시장을 노린 전략도 통했다.

다시 강조하지만, 채널의 정체성 확립을 위해 주제와 타깃 구독자를 확실하게 정해야 한다. 이 작업이 선행되지 않으면 충성도 높은 구독자를 확보하기 어렵다. 조금 번거로워 보이는 이 과정은 앞으로 당신의 유튜브 채널이 성장하는데 많은 도움을 줄 것이다.

안방에서 글로벌 시장으로

이제 유튜브를 통해 누구나 자신의 콘텐츠를 해외에 수출할 수 있다. 바이어도 필요 없다. 업로드만 하면 내 영상을 전 세계 사람들이 시청할 수 있다. 안방에서 글로벌 시장으로 나아가는 것이다. 이를 통해 외화벌이도 가능하다. 미국, 일본에서 시청한 영상에는 미국, 일본 회사의 광고가 붙는다. 이 경우 광고 수익은 달러, 엔화로 통장에 들어온다. 유튜브는 더 이상 동영상 공유 플랫폼에 머물지 않는다.

키즈 분야는 해외 진출 사례가 많다. 서두에서 소개한 유튜브 인기 동영상 〈상어 가족〉은 전체 조회 수 중 80% 이상이 해외에서 발생했다. 영상을 많이 시청한 국가는 미국, 인도네시아, 필리핀 순이었다.

〈상어 가족〉이 해외에서도 성공할 수 있었던 이유는 전 세계인들이 이해하고 즐길 수 있는 소재로 콘텐츠를 만들었기 때문이다. 동시에 문화적 차이가 있는 나라에는 현지 문화에 맞는 콘텐츠를 따로 제작하여 유통했다. 영어, 스페인어, 중국어, 러시아어, 일본어, 태국어, 타갈로그어(필리핀), 말레이시아·인도네시아어 등 11가지 언어로 제작했다. 흥미로운 점은 이 영상의 영어 버전이 미국이 아닌 동남아시아에서 먼저 인기를 끌었다는 것이다. 이후 캐나다, 호주 등으로 인기가 이어졌다. 다음은 '스마트스터디' 김민석 대표의 인터뷰 자료 중 일부이다.[*]

> "국가라는 개념은 아무 소용이 없었다. 언어의 개념으로 전 세계를 바라보게 됐다. 영어로 만들면 미국이 아니라 영어권에서 통하는 것이었다."

국가라는 틀이 아닌, 언어로서 세계 시장을 바라보게 되었다는 그의 말이 인상적이다. 글로벌 진출을 노리는 유튜브 크리에이터라면 한번

---

[*] 장윤정, "유아들의 슈퍼스타 핑크퐁 아시죠? 동요 모바일 앱으로 전 세계 잡았죠", 동아비즈니스리뷰 222호, 2017년 4월, http://dbr.donga.com/article/view/1203/article_no/8058

쯤 새겨들을 만하다. 글로벌 시장의 가능성은 아직도 무궁무진하다. 전세계 인터넷 사용 인구는 대략 40억 명으로 추청되는데, 이 중 유튜브 사용자는 약 19억 명이다. 앞으로 유튜브를 이용하는 사람들이 늘어날 여지는 충분하다. 당신도 안방에서 글로벌 시장 진출을 할 수 있다. 당신의 유튜브 콘텐츠를 세계화할 방법을 고민해보라. 세계의 수많은 구독자가 당신을 기다리고 있을 것이다.

온·오프라인을 넘나드는 기회의 발판

유튜브에서 장난감을 소개해주는 캐리는 4~5세 여아들에게 엄청난 인기를 끌고 있다. 1대 캐리로 활동했던 강혜진 씨는 현재 '헤이지니' 채널을 통해 별도로 활동 중이지만 여전히 캐리 언니는 아이들의 스타이다. '캐리와 장난감 친구들' 채널은 수백만의 팬을 보유했을 뿐 아니라 상당한 영향력도 지니고 있다. 이 채널에서 리뷰한 장난감은 판매량이 크게 늘어난다.

이외에도 '캐리와 장난감 친구들'은 콘텐츠를 다양화하고 있다. 앨린, 캐빈 등 다양한 캐릭터도 존재하고 마치 예능 프로그램과 같은 짜임새 있는 구성을 갖추고 있다. 캐리라는 독특한 캐릭터, 다른 채널의 장난감 리뷰와 차별되는 콘텐츠로 이 채널은 200만 명에 가까운 구독자를 확보하고 있다.

캐리를 만든 '캐리소프트'는 여기서 멈추지 않았다. 그들은 유튜브를 발판삼아 새로운 사업을 확장하고 있다. 국내에서는 올레 TV에 '캐리 TV'를 개국하여 자체 제작 프로그램을 선보였다. 이는 유튜브 채널로 출발해 TV방송 시장까지 진출한 국내 첫 사례이다. 캐리 캐릭터가 들어간 제품은 수백 종에 이른다. 그녀가 출연하는 뮤지컬과 콘서트 등 전국 투어 공연은 수많은 관객을 동원했다. 키즈 카페와 어린이 전문 교육기관을 열기도 했다.

해외에서도 반응이 뜨겁다. 이미 중국 비디오 플랫폼에 진출해 수백만 명의 구독자를 확보했고 동남아시아, 남미 등으로도 영역을 확장하고 있다. 유튜브 채널에서 시작한 캐리소프트는 이제 온라인과 오프라인을 자유롭게 넘나드는 콘텐츠 기업으로 성장했다. 이 기업의 박창신 대표는 '아시아의 디즈니'를 꿈꾸며 지금도 새로운 기회로 한발씩 나아가고 있다.

언론과 대중들의 관심이 유튜브에 쏠리는 현상을 어떻게 설명해야 할까? 단지 유튜브 자체가 돈이 되어서일까? 물론 유튜브 채널을 크게 성공시켜 광고 수익을 얻을 수도 있다. 하지만 더 중요한 것이 있다. 유튜브 성공은 당신을 새로운 기회의 땅으로 데려다 줄 수 있다는 점이다.

한 채널이 수만에서 수십만의 구독자를 확보했다고 해보자. 이 채널의 운영 주체는 이제 수만, 수십만의 사람들과 연결된다. 이는 개인에게는 퍼스널 브랜딩 기회를 제공한다. 기업에게는 기업 이미지 관리, 상품 광고의 기회를 준다. 개인과 기업은 이 기회를 발판삼아 새로운 사업으로 나아갈 수도 있을 것이다.

많은 구독자를 확보한 채널은 그만큼 많은 사람들에게 영향력을 미칠 수 있다. 성공한 유튜브 크리에이터는 한 개인을 넘어 인플루언서로 거듭날 수 있는 것이다. 유튜브를 발판삼아 새로운 기회로 나가보자. 유튜브 자체를 목표가 아닌 과정으로서 접근하자. 유튜브가 당신의 앞에 새로운 길을 열어 줄 것이다.

키즈 분야 유튜버들은 채널 주제와 구독자 연령대를 확실하게 정함으로써 타깃 구독자에게 특화된 콘텐츠를 제공했다. 세계 무대로 진출했으며, 유튜브를 발판 삼아 새로운 기회로 나아갔다. 지금 이 시간에도 새로운 키즈 분야 크리에이터들이 등장하고 있다. '토이푸딩' 채널과 같이 얼굴을 공개하지 않고 장난감으로 상황극을 하거나, '헤이지니' 채널처럼 뽀미언니 역의 성인을 전면에 내세워 방향을 잡기도 한다.

'키즈'는 여전히 유튜브 인기 분야이다. 이미 유명 채널이 많지만, 워낙 수요가 많아 한번 노출되기 시작하면 채널이 빠르게 성장하기도 한다. 앞으로도 키즈 분야의 유튜브 스타는 계속 등장할 것으로 보인다.

유튜브는 이제 1인 미디어 방송계를 넘어 TV 방송에도 영향을 미치고 있다. JTBC의 '랜선라이프'를 비롯하여 유튜브 스타를 다루는 프로그램이 늘고 있다. 이는 우리 사회 전반에서 유튜브라는 플랫폼에 대한 관심이 높아지고 있다는 것을 보여준다.

흔히 '비주류'라고 치부되던 인터넷 1인 방송의 TV 방송 진출 사례는 이전에도 있었다. 바로 인기 크리에이터 대도서관(나동현)이다. 그는 2016년부터 1년간 EBS 진로·직업 소개 프로그램 〈대도서관 잡쇼〉의 메인 MC로도 활약했다. 1인 크리에이터가 공중파 MC를 맡게 된 첫 사례였다. 대도서관은 이 방송에서 MC뿐만 아니라 프로그램 기획에도 참여했다.

대도서관 하면 따라오는 수식어는 많다. 대한민국 1인 방송 개척자, 1인 미디어 시장의 슈퍼스타, 모범 유튜버의 표본 등. 그는 명실상부 국내 최고의 크리에이터이다. 게임 방송으로 시작해 공중파 방송 MC까지 진출한 그. 고졸에 스펙도 없던 그는 어떻게 1인 미디어 시장을 개척할 수 있었을까? 33살에 첫 개인 방송을 시작해 한 해 매출 17억을 달성하기까지 그는 어떤 과정을 지나왔을까? 스스로 본인은 흙수저에 가까운 사람이었다고 말하는 대도서관의 이야기를 들어보자.

쓸데없는 경험이 성장의 도구가 되다

모든 위대한 사람들이 처음부터 위대한 것은 아니다. 출생과 동시에 금수저일 수는 있어도, 위대할 수는 없다. 금수저라는 배경이 '위대함' 그리고 '한 사람의 성공'까지 보장해주지는 않기 때문이다. 마찬가지로 흙수저라는 상황이 개인의 실패를 결정짓지 못한다.

대도서관도 처음부터 잘 나갔던 것은 아니다. 지금은 게임 콘텐츠를 방송하는 성공한 1인 크리에이터이지만 어린 시절에는 게임 한 번 하기도 쉽지 않았다. 어려운 가정 형편 때문이었다. 중학생 대도서관은 원하는 게임기를 사달라는 투정을 부리는 대신 다른 방법을 찾았다. 일주일에 한 번 게임기를 가진 친구 집에 놀러가거나 상상의 나래를 펼쳤다. 게임 전문 잡지에 실린 기사를 읽고 또 읽으며 상상의 게임을 했다. 빈 종이에 자신만의 게임을 그리기도 했다.

고등학생이 되자 용돈을 모아 겨우 게임기를 살 수 있게 되었다. 게임의 각 단계를 해결해 나가면서 성취감과 기쁨을 느꼈다. 게임을 어려워하는 친구들을 위해 공략집을 만들어 무료로 배포하기도 했다. 일종의 '게임 컨설턴트' 역할을 한 것이다. 이렇게 그는 친구들에게 게임에 대한 조언을 해주고 대신 플레이를 해주었다. 덕분에 대도서관은 그 시절 여러 게임을 경험할 수 있었다.

고등학교 졸업 후에도 게임을 하거나 영화를 보면서 2년의 시간을 보냈다. 영화와 애니메이션, 게임에 빠져있었다. 매일 서너 편 이상의 영화를 보며 90년대 영화는 대부분 섭렵하게 되었다. 수많은 영화를 접하다보니 나중에는 화면 구성, 조명, 배우들의 연기 등이 눈에 들어오기 시작했다. 영화 제작자의 꿈을 꾸기도 했다. 이 경험은 그가 콘텐츠 기획자로서 영상을 기획 및 연출하는데 밑바탕이 되었다.

학창시절 내내 게임과 함께하고, 고등학교를 졸업한 뒤에도 게임과 영화에 빠져 시간을 보낸 청년. 그는 과연 '쓸데없는 짓'을 한 것일까? 대도서관은 자신의 책에서 이렇게 이야기했다.

"쓸데없는 짓이나 하고 다닌다며 손가락질 당해본 사람만이 해줄 수 있는 충고다. 지금 아무것도 아니라고 해서 영원히 아무것도 아닌 건 아니라고, 남들 눈에 쓸데없어 보이는 일도 내게는 또 다른 가능성을 만들어내는 일일 수 있다고, 스스로 그렇게 믿어야 한다. 그게 백수 시절 2년 동안 내가 배운 것이다."

– 대도서관, 『유튜브의 신』

어찌 보면 쓸데없는, 단순히 재미를 추구하는 일들의 연속이었을지도 모른다. 하지만 그는 게임이 주는 재미와 쾌락을 넘어 열정적으로 게임을 했다. 게임 초보들에게 조언을 해주었고 친구들 사이에서 전문가가 되었다. 성인이 되어서도 게임에 대한 관심을 놓지 않았다. 결국 그는 게임 콘텐츠 방송으로 성공했고 '쓸데없는' 일은 '쓸데 있게' 되었다. 성공을 통해 어린 시절의 경험이 자기 성장의 발판이 된 것이다. 세상에 쓸데없는 일이란 없다. 우리가 보고 듣고 경험하는 모든 것들은 의미가 있다. 우리는 사소한 일상에서도 새로운 경험에서도 무언가를 배운다. 실수에서도 마찬가지다.

대도서관은 군대를 제대한 후에 세이클럽 라디오 방송을 통해 또 다른 경험을 했다. 공중파 라디오와 같은 형식이었지만 일반인이 DJ를 한다는 점이 그의 관심을 끌었다. 곧 일주일에 4일, 저녁에 2시간씩 가요 프로그램을 진행하는 DJ가 되었다. 라디오 방송은 콘텐츠 소비자와의 소통이 중요하다는 면에서 1인 미디어 방송과 비슷한 부분이 있다. 그는 음악 방송 DJ를 하며 실시간 방송의 매력을 알게 되었다. 목소리가 좋다는 평가도 받았다. 자신의 끼를 처음으로 확인한 계기가 되기도 했다. 그가 자신 있게 1인 미디어에 도전할 수 있게 만들어준 또 하나의 발판이 되었다.

이후 인터넷 강의 관련 IT 업체에서 아르바이트를 했다. 비록 아르바이트였지만 적극적으로 일하다 보니 종종 회의에도 참석하며 '기획'의 중요성을 배우게 되었다. 몇 개월이 지나 능력을 인정받아 정식 직원으로 채용이 되었다. 처음 맡은 업무는 인터넷 강의를 촬영하고 편집하는 일이었다. 경험은 없었지만 할 수 있다고 했다. 독하게 마음먹고 관련 지식과 프로그램 사용법을 익혔고 다양한 세미나에 다니며 공부를 했다. 결국 완벽하게 사내 미디어 팀을 결성했다.

학창시절부터 했던 수많은 게임, 2년간의 다양한 영화 감상, 제대 후 라디오 방송 진행 경험, 취업 후 배운 기획의 중요성, 촬영 및 편집에 대한 공부까지…. 삶을 채운 모든 경험이 지금의 대도서관을 만들었다. 과거의 모든 경험이 지금의 그를 있게 했다. 성공에 있어 개인의 타고난 배경도 중요하지만 어떤 사람을 만나고 어떤 경험을 하는지도 매우 결정적인 요소이다. 사실 배경이 중시되는 이유 중 하나는 '어떤 사람을 만나고 어떤 경험을 하는지'가 배경에 따라 크게 좌우되기 때문이다. 대도서관은 흙수저였지만 배경을 탓하지 않았다. 그는 다양한 경험을 기회로 삼았다. 직면한 경험을 성장의 동력으로 바꾸었다. 모든 경험을 자기 성장의 발판으로 만들었다.

끝없는 고민과 질문 던지기

대도서관이 거의 모든 경험을 자기 성장의 발판으로 만들 수 있었던 이유는 무엇일까? 나는 그 이유를 그의 '질문하는 태도'에서 찾는다. 그는 경험이 그를 스쳐지나가게 놓아두지 않았다. 끊임없이 질문했다.

대도서관은 하나의 게임을 하더라도 '어떻게 하면 쉽게 게임을 클리어할 수 있을까?'를 생각했다. 백수 시절 영화를 볼 때에는 '내가 제작진이라면? 내가 배우라면?' 등의 질문을 수없이 반복했다. 라디오를 들을 때는 '내가 라디오 방송 PD라면?'과 같은 고민을 했다. 게임을 할 때도, 영화를 볼 때도, 라디오를 들을 때도 스스로에게 물었다. 끊임없이 질문을 던지고 상황을 시뮬레이션한 것이다.

질문은 단순히 대답을 얻기 위한 수단 이상의 힘을 지니고 있다. 우리는 질문을 통해 생각할 기회를 갖고, 생각을 자극하여 새로운 아이디어를 얻는다. 아이디어는 꿈과 미래에 대한 것일 수도, 새로운 사업에 대한 것일 수도 있다. 또한 질문은 자신을 이해하는데 가장 핵심적인 도구이다. 어려운 상황에서 스스로에게 질문을 던지면 상황을 객관적으로 바라볼 수 있는 힘이 생기기도 한다. 그러면 감정에 휘둘리지 않고 '진짜 중요한 것', '내가 원하는 것'에 집중할 수 있다.

그가 했던 많은 질문 중 가장 결정적인 질문은 무엇이었을까? 회사에서 능력을 인정받아 정규직이 된 그는 몇 년간 신나게 일했다. 그러나 곧 학력으로 인한 한계에 부딪혔다. 그는 고졸이었고 미래가 보이지 않았다. 그때 학력을 탓하며 술을 퍼마시는 대신 질문을 했다. '이 상황을 해결할 방법에는 무엇이 있을까?' 질문의 답을 찾기 위해 국내외 동향을 파악하고 창업 공부도 했다. 그가 찾은 답은 스스로 브랜드가 되는 것이었다. 배경, 학력, 자격증 등에 얽매일 것이 아니라 이름 석 자를 브랜드로 만드는 것이 그가 찾은 해답이었다.

때마침 인터넷 생방송이라는 플랫폼이 대도서관의 눈에 들어왔다. 그는 라디오 방송 DJ 경험을 살려 여기에 도전했고, 그 도전은 지금까지 이어지고 있다. '질문하는 습관'이 없었다면 시작할 수 없는 길이었다. 질문은 자신을 바꾸고 세상을 바꾼다. 고졸 회사원 나동현 대리가 게임 방송을 통해 스스로를 브랜드화하고, 국내 미디어 생태계에 큰 영향을 미친 것처럼.

대도서관은 방송 초기부터 시청자에게 즐거움을 주는 콘텐츠를 만들기 위해 노력했다. 욕설과 자극적인 콘텐츠가 없는 깨끗한 방송을 만들기 위해 노력했고 솔직함으로 시청자에게 다가갔다. 인터넷 방송을 대중화시키겠다는 그의 다짐은 이제 현실이 되었다. 변화의 흐름을 잘 파악했던 그는 끊임없이 배우고 도전했다. 꿈 많던 청년은 결국 꿈을 이루었다. 개인의 노력으로 성과를 낸 그의 모습은 이 시대의 희망이 되고 있다.

'대도서관 TV'는 지금도 성장하고 있다. 그는 2015년 '엉클대도'라는 법인을 만들었다. 현실에 안주하지 않고 키즈, 푸드, 토크쇼 등 채널 다각화 계획을 세우고 있다. 글로벌 시장 진출 계획도 진행 중이다. 무스펙 고졸의 퍼스널 브랜딩은 아직 끝나지 않았다.

3. **좋은 사람을 꿈꾸는 위대한 크리에이터**
_밴쯔

먹방_{먹는 방송}이란 단어가 처음 생겨난 곳인 만큼 우리나라에는 수많은 먹방 크리에이터가 있다. 하지만 이 분야에서 누구보다 돋보이는 사람이 있다. 그가 바로 먹방계의 스타, 국내 최고의 먹방 크리에이터 밴쯔(정만수)다.

흔히 먹방이라고 하면 거대한 덩치를 가진 사람이 음식을 먹는다고 생각하기 쉽다. 그러나 밴쯔는 먹는 양과 어울리지 않게 탄탄한 근육질의 몸을 가지고 있다. 이와 함께 많은 양의 음식을 깔끔하고 예의 바르게 먹는 모습은 그의 매력을 더해준다. 뿐만 아니라 끊임없이 시청자와 소통하고 새로운 콘텐츠를 기획해 선보이는 점도 매력 포인트다. 음식을 먹으면서 채팅창에 올라오는 사람들의 질문에 대답도 하고, 자신의 경험담도 이야기한다. 그의 채널의 구독자는 300만 명 이상이다. 연봉은 10억 원에 이른다.

평범하지 않은 밴쯔의 식사량은 충분한 화제성이 있다. 하지만 그가 단순히 남들보다 많이 먹어서 지금처럼 성공할 수 있었을까? 아니다. 화면 너머의 엄청난 노력이 현재의 그를 만들었다. 사각의 화면 속에서 누구보다 위대(偉大)한 사람, 화면 밖에서는 또 다른 위대(偉大)함을 지닌 사람. 밴쯔를 보며 또 다른 유튜브 성공 전략을 찾아보자.

크리에이터에게 자기 관리는 필수

유튜브로 쉽게 돈을 벌 수 있다고 생각하는 사람이 많다. 그러나 유튜브는 단순히 동영상을 업로드하는 일이 아니다. 채널의 주제와 콘셉트를 잡고, 영상을 기획하고, 촬영하고, 편집하고, 홍보하는 등의 모든 과정을 포함한다. 영상에 대한 것은 일부에 불과하다. 유튜브 채널을 제대로 운영하기 위해서는 많은 시간이 필요하다. 그래서 시간 관리가 중요하고, 그 이전에 자기통제가 중요하다. 유튜브 운영이 자기와의 싸움이 될 수밖에 없는 이유이다.

밴쯔는 자신의 시간을 철저히 계획해 쓰는 것은 물론이고 운동을 하며 자신의 몸을 관리한다. 콘텐츠의 특성상, 먹방 크리에이터는 지나친 식사로 인해 건강을 해치는 경우가 꽤 있다. 반복되는 폭식과 과식으로 체중은 불어나는데, 그렇다고 먹방을 안하자니 다른 마땅한 콘텐츠가 없기 때문이다. 먹기 위해 건강을 포기하는 악순환이 반복되는 것이다.

밴쯔는 이에 대한 해결책을 운동에서 찾았다. 그는 한 인터뷰에서 "먹방을 일이라고 생각하지 않는다"고 말했다. 대신 운동을 일이라고 생각할 정도로 하루 중 많은 시간을 운동에 투자한다. 평균 6~8시간, 적어도 3시간은 건강을 위해 쓴다. 많은 음식을 더 맛있게 먹기 위해 운동을 쉬는 날이 없다. 그가 먹는 방송을 위해 수많은 시간을 건강에 투자한다는 것은 어찌 보면 당연한 일이다. 그래야 먹는 방송을 지속할 수 있기 때문이다.

유튜브 크리에이터들에게 자기 관리는 필수이다. 특히 전업으로 크리에이터를 할 경우에는 더욱 중요하다. 시간을 자유롭게 쓸 수 있는 만큼, 자신이 해야 할 일을 정확하게 파악해야 한다. 일의 우선순위를 따져 자신의 시간과 역량을 적절하게 배분해야 한다. 성공한 크리에이터들은 모두 그들만의 방식으로 자기 관리를 하고 있다.

인터넷 방송을 시작한 지 5년 만에 밴쯔는 방송국 고정 출연자가 되었다. 한 방송에서는 그가 실시간 먹방을 마친 후, 밤공기를 가르며 조깅하는 모습이 방영되었다. 그때 시간은 새벽 2시였다. 모두가 잠든 시각, 어둠을 달리는 그의 뒷모습을 보며 시청자들은 어떤 생각을 했을까?

기획을 통해 기회를 발견하다

2018년, 밴쯔의 기획력이 화제가 되었다. 남북한의 평화 분위기가 무르익자 중국에 위치한 옥류관에 방문해 평양냉면 먹방을 촬영한 것이다. 시류를 읽은 기획력이 돋보이는 콘텐츠였다.

그의 영상 카테고리 중에는 '고작 시리즈'가 있다. 제목은 〈피자 고작 1조각 먹방〉, 〈초밥 고작 1개 먹방〉과 같은 식이다. 항상 엄청난 식사량을 자랑하는 그이기에 시청자들은 왜 밴쯔가 고작 한두 개만 먹는지 궁금증을 가지게 된다. 알고 보면 이 기획은 작은 음식이 갑자기 거대한 음식으로 뒤바뀌는 반전이 있다. 작은 초밥 한 개는 곧 생선 한 마리가 통째로 올라간 거대 초밥으로 바뀐다. 그리고 밴쯔답게 이 음식을 먹기 시작한다. 반전의 요소를 가미해 재미와 참신함을 더한 것이다.

이외에도 그는 기획을 통해 끊임없이 기회를 발견하고 있다. 먹방의 메뉴, 장소, 형식에 변화를 주며 늘 새로운 기획을 한다. 기본적으로 시기와 계절에 따라 먹는 메뉴를 달리 한다. 집에서 실내 촬영을 주로 하지만 국내외 맛집을 찾아가기도 하고, 먹방에 대결 구도를 집어넣거나 스토리를 구성하기도 한다.

성공하는 유튜브 동영상의 바탕에는 항상 좋은 기획이 있다. 엉뚱하고 참신한 기획으로 새로움에 다가가보자. 좋은 기획은 다른 어떤 것보다 당신에게 새로운 기회를 줄 것이다.

긍정적인 이미지와 바른 태도

부정적인 이미지로 논란이 되는 크리에이터가 있는가 하면, 긍정적인 이미지로 회자되는 크리에이터도 있다. 밴쯔는 긍정적인 이미지로 많은 사랑을 받고 있는 대표적인 크리에이터다. 그런 그도 사실 여러 번의 실패를 경험했다. 학창시절에 꿈꾸었던 운동선수의 꿈을 이루지 못했고, 대학 입시에도 실패했다. 한 강연에서 '10대를 포기와 좌절로 보냈다'고 회상했을 정도다.

1인 방송을 시작한 것은 우연한 계기였다. 대학생 시절 편입을 준비했는데 처음 보는 사람 앞에서 말하는 것이 두려웠다고 한다. 그래서 말하기 연습을 위해 2013년 아프리카 TV에서 먹는 방송을 시작했다. 밥상이 없어 컴퓨터 본체를 눕혀놓고 시작한 첫 방송의 시청자는 달랑 3명, 시작은 그렇게 초라했다.

방송 초기부터 그는 "열심히 하겠습니다"라는 말을 수없이 되풀이했다. 음식 값을 벌기 위해 아침에는 막노동, 밤에는 택배 일을 하면서도 최선을 다했다. '눈앞에 보이는 것에 최선을 다하자'라는 그의 좌우명이 부끄럽지 않았다. 한결같이 이야기하는 '열심히 하는 태도'는 영상을 시청하는 사람들에게 긍정적인 인상을 주기에 충분했다. 그는 정말 열심히 달렸다. 그리고 2018년 12월, 고작 3명의 시청자와 함께 시작했던 그는 유튜브 구독자 300만 명을 보유한 크리에이터가 됐다.

예의바른 태도도 그를 더욱 돋보이게 만드는 요소다. 욕설 없는 진행과 "잘 먹겠습니다", "오늘도 잘 먹었습니다"와 같은 매너 있는 멘트는 시청자들에게 좋은 인상을 심어주었다. 깔끔한 진행 덕분에 그의 채널에서는 악성 댓글을 찾아보기 힘들다.

앞에서도 언급했지만 밴쯔의 절제력 역시 긍정적인 이미지를 만드는 데 큰 역할을 했다. 먹방 시간 외에는 운동을 하고 끼니도 생식으로 해결한다. 철저히 절제해 자기 관리를 하는 모습은 시청자들에게 모범이 됐고, '밴쯔 흥행'을 일으켰다.

이런 이미지를 살려 건강식품 회사를 창업하기도 했다. 다이어트 식품을 시작으로 다양한 건강식품을 출시하고 있다. 단순히 판매가 목적이 아닌 팬들과 소통하며 많은 사람들이 꼭 필요로 하는 제품을 만드는 회사로 꾸려가겠다는 의지를 밝히기도 했다.

긍정적인 이미지는 억지로 노력한다고 만들어지는 것이 아니다. 내면에 슬픔과 분노가 가득한 사람이 좋은 이미지를 연기하는 데 한계가 있다. 꾸며낸 이미지는 오래가지 못할뿐더러 시청자에게 간파당하는 것은 시간 문제다. 다음은 한 신문사와의 인터뷰에서 그가 남긴 말이다.[*]

"저는 좋은 유튜버가 아니라 '좋은 사람'이 되고 싶어요. 제가 좋은 사람이라서 시청자들이 제 방송을 보는 거라면, 나이가 들어서 양갱을 먹어도

---

[*] 김지은, "[삶도] 'X신, 뭐 하나?' 먹방 첫 댓글이 밴쯔를 만들었다", 한국일보, 2018.08.27, http://m.hankookilbo.com/News/Read/201807270106714089

대중들에게 좋은 이미지를 갖게 된 것은 그의 타고난 성품과 오랜 노력 덕분이었다. 이미 대중에게는 좋은 사람 밴쯔이지만, 여전히 그는 좋은 사람을 꿈꾼다.

밴쯔는 철저한 자리관리를 했다. 기획을 통해 스스로 기회를 만들었으며, 시청자에게 긍정적인 이미지를 주어 채널 성장에 힘을 보태었다. 그는 그렇게 유튜브에서 성공했다. 몇몇 사람들의 오해처럼 그는 결코 먹기만 하면서 '쉽게' 유명해진 것이 아니다. 긴 시간동안 자신과 싸워가며 지금의 위치에 올랐다. 긴 시간동안 남들이 할 수 없는 노력을 이어오고 있다.

우리는 다른 사람들의 성공을 활자로 접하기에 쉽게 이야기할 수 있다. 하지만 결코 쉬운 성공이란 없음을 인정해야 한다. 우리 눈에 보이지 않는, 문자로 표현할 수 없는 노력의 시간을 우리는 알지 못한다.

국내 유튜브 시장을 넘어 해외 시장의 관심까지 받고 있는 그를 응원한다. 하루 2시간의 방송을 위해 나머지 22시간을 달리는 밴쯔. 수십 년 뒤, 백발이 성성한 그의 양갱 먹방이 기다려진다.

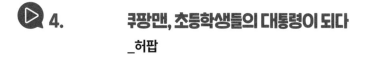

4.   쿠팡맨, 초등학생들의 대통령이 되다
_허팝

요즘 초등학생의 우상은 TV에 나오는 스타가 아닌 유튜브 스타이다. 이들의 인기가 하늘을 찌르다보니, 초등학생들의 대통령이라는 뜻의 '초통령'이라는 말도 심심찮게 쓰인다. 대표적인 초통령으로 허팝(허재원)이 있다. 노란옷을 입고 괴상한 실험을 하기로 유명한 크리에이터다. 무더위에 각얼음으로 이글루를 만들고, 종이배로 한강을 건넌다. 길이 10미터 수영장을 5만 개의 물풍선으로 가득 채운 영상은 2천만 뷰를 넘은지 오래다.

유튜브를 시작하기 전인 2014년 무렵, 그는 세계 여행을 준비하던 평범한 20대 청년이었다. 여행 경비 마련을 위해 전자상거래 기업 쿠팡에서 택배 기사 일을 했다. 이 과정에서 영상 촬영 및 편집을 조금씩 공부했다. 여행 기록을 사진이 아닌 영상으로 담기 위해서였다. 그저 연습을 위해 자신의 모습을 촬영했고, 이를 유튜브에 업로드 했다. 처음에는 유튜브에 대한 이해 없이 단순한 기록용으로 시작했던 것이다.

출발은 미미했지만, 현재 그는 300만 명이 넘는 구독자를 거느린 우리나라 대표 크리에이터가 되었다. 결코 쉬운 길이 아니었을 테지만 그만의 전략과 뚝심으로 여기까지 올 수 있었다. 그의 이야기는 우리에게 또 다른 교훈을 안겨준다.

자신만의 색깔로 고정 구독자 만들기

처음부터 제대로 유튜브에 뛰어드는 사람들은 채널 기획 단계에서 많은 고민을 한다. 채널 정체성을 확실하게 잡기 위한 고민 말이다. 하지만 반대의 사례도 있다. 허팝은 유튜브 채널을 운영하면서 조금씩 자신만의 색깔을 찾아간 케이스였다.

허팝은 가볍게 시작했지만, 유튜브가 어떤 플랫폼인지 조금씩 알게 되고 구독자가 하나둘 늘어가면서 어떻게 채널을 제대로 운영할 수 있을지 고민했다. 그래서 초반에는 시식, 리뷰 등 이런저런 콘텐츠 영상을 올려보았다. 점차 영상을 촬영하고 편집하는 데 익숙해지면서 업로드 횟수도 늘어났다. 그러다 CJ E&M의 연락을 받고 본격적으로 크리에이터 일을 시작하게 되었다. 애초에 크리에이터가 되려고 유튜브를 시작한 것도 아니었고, 크리에이터가 뭔지도 몰랐다. 하지만 그는 결심했다. 계획했던 세계 여행은 잠시 미루고 후회 없이 '딱 2년만 해보자'

는 생각으로 시작했다. 그리고 매일 영상을 올리기 시작했다.

당시 국내 유튜브 생태계는 영상이 드물게 올라오던 시절이었다. 크리에이터에 대한 이해도 전무했다. 하지만 허팝은 해외 자료를 찾아보며 외국에는 매일 영상을 올리는 사람들이 있다는 사실을 알게 되었다. 이 때 영상 업로드에 따른 수익 시스템도 이해하게 되었다. 이후 크리에이터를 직업으로 삼을 수도 있겠다는 생각이 점차 커져갔다.

지금은 유튜브에 매일 영상을 올리는 일이 특별할 것 없다. 하지만 당시 1일 1영상 전략은 허팝 채널을 여러 채널 사이에서 단연 돋보이게 했다. 또한 업로드 시간을 매일 일정한 시간대로 고정한 것은 구독자를 확보할 수 있는 좋은 아이디어였다. 매주 오후 5시에 영상을 올리면, 시청자들은 채널에 대한 신뢰감을 얻고 다음 영상에 대한 기대감으로 구독할 확률이 높아지는 것이다.

지금의 그를 있게 한 여러 가지 전략 중에서 그가 가장 강조하는 것은 '캐릭터화'다. 그는 한 인터뷰에서 유튜브 성공 비결로 캐릭터 설정의 중요성을 언급하면서 다음과 같은 이야기를 했다.[*]

"짱구는 옷만 보고 머리 두상만 봐도 이건 짱구다 100% 알잖아요. 스티브 잡스도 똑같은 폴라 티 입고 항상 청바지에 N 회사의 신발을… 그런 생각

---

[*] "크리에이터 허팝을 만나다", 한국콘텐츠아카데미, https://edu.kocca.kr/edu/onlineEdu/openLecture/view.do?pSeq=778&menuNo=500085

을 하니까 캐릭터화가 확실히 중요하다, 이게 나중에 브랜드화도 잘 되겠다 싶었어요."

그는 자신의 어떤 점을 캐릭터로 만들 수 있을까 생각했다. 그는 좋아하는 색, 노란색으로 자신을 캐릭터화 시키기로 했다. 그리고 값싼 노란색 티셔츠를 여러 장 구매했다. 노란 옷을 입고 영상도 촬영하고 일상생활도 했다. 자신의 콘텐츠와 함께 노란 옷을 지속적으로 노출했다. 여기에 허당이면서 괴짜인 이미지를 더해 실험 크리에이터, 허팝이라는 독자적인 캐릭터를 만들어냈다.

이제 유튜브에서 노란색은 곧 허팝이다. 이와 같이 겉모습, 이미지, 색상 등 특징적인 것을 활용하여 자신만의 캐릭터를 만들어야 한다. 한 가지 또는 두세 가지의 특징으로 캐릭터를 만들 수도 있고 시청자가 캐릭터를 잡아줄 수도 있다. 독특한 캐릭터는 시청자들에게 당신을 각인시켜 줄 것이다. 수많은 크리에이터 중 당신을 돋보이게 만들어줄 장치이다.

채널 정체성 및 콘셉트, 크리에이터의 캐릭터에 대해 진지하게 고민해보라. 자신만의 색깔을 넣은 채널은 고정 구독자를 확보하기에 유리하다. 그리고 이 고정 구독자는 일회성의 자극적인 영상으로 유입된 수천의 시청자보다 더 많은 활기를 당신의 채널에 불어넣어 줄 것이다.

새로운 카테고리를 선점하다

그가 처음으로 큰 주목을 받은 것은 '허니버터칩 대란' 때 촬영한 허니버터칩 시식 영상이었다. 이처럼 각종 과자, 라면 등을 시식하는 것이 주된 콘텐츠였다. 이후에는 여러 음식을 섞어 먹기도 하고, 음식으로 간단한 실험을 했다. 그러다 점점 실험 위주의 콘텐츠가 늘어나 현재까지 이어지고 있다. 처음부터 실험을 콘셉트로 잡았다기보다는, 무작정 올린 영상에서 시작하여 조금씩 변화하며 현재에 이르고 있는 것이다.

시청자 반응에 따라 콘텐츠의 방향을 수정하는 유튜버가 종종 있다. 예를 들어, 잡동사니를 리뷰하다가 아이폰 리뷰에서 엄청난 조회 수를 기록하자 IT 제품으로 전향하는 식이다. 하지만 앞서 말했듯 카테고리 선정은 신중해야 한다. 영상의 분야가 애초에 계획한 범주에서 완전히 벗어나 버리거나, 자주 바뀌게 되면 구독자들의 혼란을 야기할 수 있다. 그러므로 초반에 채널의 정체성과 방향을 잘 잡아야 한다.

결과적으로 허팝은 국내 유튜브의 실험이라는 장르에서 독보적인 위치에 있다. 사실 그가 실험 분야의 시초는 아니었다. 2014년에도 실험을 콘텐츠로 한 영상들이 있었다. 하지만 그는 자신만의 독특한 개성과 성실함으로 시청자들에게 어필했다. 재미와 솔직함도 채널의 성장을 견인하는데 큰 몫을 했다.

이제 허팝은 '그만의 실험'을 통해 어린이뿐만 아니라 어른들의 호기심까지 해결해주고 있다. 실제 그의 채널은 시청자 연령대가 다양하다. 새로운 카테고리를 선점했고 이를 통해 또 다른 수요를 만들어내고 있다.

새로운 카테고리가 왜 중요할까? 유튜브에서 기존 분야에 뛰어드는 것을 파이를 나누어 먹는 모습이라고 가정해보자. 새로운 분야의 개척은 또 다른 파이를 만들어내는 것과 같다. 여기에 새로운 분야를 '선점'까지 한다면 파이의 많은 부분을 내 것으로 가져올 수 있다. 이는 유튜브 뿐만 아니라 마케팅 전반에도 적용되는 이야기이다.

시장은 카테고리를 선점하는 자가 승리한다. 이를 위해서는 기존에 없던 카테고리를 찾아야 한다. 완전히 새로운 것을 '창조'하거나, 사물과 사람에 대한 관찰을 바탕으로 기존의 것들을 '발견', '세분화', '융합'할 수 있을 것이다. 물론 쉬운 일은 아니다. 하지만 일단 새로운 분야에 발을 들여놓을 수 있다면 당신은 개척자로서 선점 효과를 누릴 수 있을 것이다.

새로운 카테고리를 선점하자. 이를 위해서는 남들이 주목하지 않는 곳에 주목하고, 작은 곳에서라도 가능성을 발견하는 것이 중요하다. 하나를 잘게 나누거나 다른 것과 연결을 시도해볼 수도 있다. 당신이 잘할 수 있으면서 남들이 하지 않는 것에 주목해야 한다. 기존의 것을 당신만의 방식으로 재해석하고 사소한 새로움이라도 발견해보자.

윤리 의식은 시청자와의 약속이다

중국판 인플루언서 '왕홍網紅'이 중국 시장을 흔들고 있다. 이들을 통해 만들어진 시장의 규모는 18조에 이른다고 하니 그 영향력이 놀라울 따름이다. 유튜브에서 수많은 구독자를 보유한 크리에이터도 인플루언서에 해당한다. 이들이 영상에서 보여주는 말과 행동은 최소 수십만에서 많게는 수백만의 사람들이 시청한다. 그리고 시청자는 직·간접적으로 크리에이터의 영향을 받는다.

특히, 10대의 경우 선망하는 크리에이터를 무작정 따라할 위험이 있다. 옳고 그름에 대한 판단 없이 크리에이터들의 말투, 행동, 패션 등을 그대로 수용하는 것이다. 허팝의 경우 실험 분야 크리에이터이기 때문에 환경이나 안전 문제를 들어 시청자들에게 비판을 받기도 했다. 〈햄버거 100개 먹기 도전〉 때는 미션 실패 후 남은 수십 개의 햄버거를 다른 사람들에게 나누어 주었다. 초거대 슬라임으로 수영장을 만드는 〈액체괴물 수영장을 만들어보았다〉 영상에서는 어린이 놀이 입욕제를 사용하여 거대한 실내 수영장을 만들었는데, 후처리에 대한 시청자들의 논란이 거세지자 별도의 해명 영상을 올리기도 했다. 이외에도 그는 안전에 많은 주의를 기울인다. 영상마다 위험한 부분은 따라하지 말 것을 당부하고 위험성에 대해 이야기하는 것을 잊지 않는다. 콘텐츠마다 유해한 것인지 확인하고 검증된 것만 영상에 담으려고 노력한다.

만약 그가 조회 수에 눈이 멀어 자극적인 콘텐츠만 생산했다면 어땠을까. 환경이나 안전에 대한 고민 없이 콘텐츠를 생산했다면 지금의 허 팝을 기대할 수 있었을까? 10대들의 부모 및 언론의 뭇매를 피할 수 없 었을 것이다.

시청자들은 점점 크리에이터에게 높은 윤리성을 기대하고 있다. 의 식 있는 크리에이터라면 자신의 영향력에 대한 자부심과 함께 책임감 을 갖추어야 한다. 윤리 의식이 결여된 명성은 인기 크리에이터에게 걸 림돌이 될 것이 분명하다. 그들에게도 공인의 자세가 필요하다. 자신만 의 색깔을 사랑해주는 구독자들을 위해 책임감 있게 행동하는 허팝처럼 말이다.

허팝은 자신만의 색깔로 고정 구독자를 만들었다. 새로운 카테고리 를 선점하여 유튜브 성공의 기반을 마련했고, 인플루언서의 영향력에 책임감 있게 행동함으로써 더 큰 성공으로 나아가고 있다. 그는 현재 실험 채널 외에 '허팝일기'와 '허팝게임' 채널도 운영 중이다. 거의 모든 하루를 콘텐츠에 대한 고민으로 보내는 그, 내일은 또 어떤 모습을 보 여줄까? 영화 「백 투 더 퓨처」에 나오는 괴짜 박사 같은 사람을 꿈꾸는 그의 미래 모습이 궁금해진다.

▶ 5. 해외에서 더 유명한 커버곡 여신
_제이플라

유튜브에는 익히 알려진 가요나 팝송을 다른 사람이 부르는 커버곡 영상이 수없이 존재한다. 전 세계의 뮤직 크리에이터들이 자신만의 방식으로 유명곡을 재해석하는 것이다. 원곡자의 공식 음원보다 커버곡이 더 주목을 받는 경우도 많다. 제이플라(김정화)가 바로 커버곡 영상을 올리는 유튜브 크리에이터이다. 유튜브에서 그녀의 입지는 가히 독보적이다. 그녀가 운영 중인 'JFlaMusic' 채널은 2018년 11월, 구독자 천만 명을 돌파했다. 이는 국내 개인 유튜버 중 최초이자 최고의 기록이다.

그녀는 어떻게 이와 같은 인기를 얻을 수 있었을까? 그녀의 유튜브 성공 전략은 과연 무엇이었을까? 시대의 변화에 무사히 안착할 수 있었던 그녀만의 유튜브 공식을 알아보자.

기존과는 다른 방식으로 도전하기

이제 전통적인 성공 공식은 무너지고 있다. 자신을 알리기 위해 자본과 인맥에 얽매일 필요가 없다. 대형 기획사를 통하지 않아도, 오디션에 합격하지 못해도 SNS를 통해 자신을 알릴 수 있는 시대이다. 개인의 역량 하나로 이름을 알리고 세계 무대로 나아갈 수 있게 된 것이다.

제이플라는 기존과 전혀 다른 방식으로 성공한 좋은 사례이다. 그녀는 스무 살이 다 되었을 때 가수로 데뷔하기 위한 준비를 시작했다. 유명 가수들의 데뷔 시절과 비교하면 늦은 나이였지만 불안함을 뒤로 하고 대입도 포기한 채 음악을 배웠다. 쉽지 않은 결정임에도 '잘하고 좋아하는 것을 계속 해보자'는 마음으로 음악 공부를 이어나갔다. 그러던 중, 작곡 분야에 더 흥미를 느끼면서 작곡가의 길을 먼저 걸었다. 작곡활동을 하며 성과도 내고, 작곡 실력도 인정받았다.

그렇다고 원래의 꿈인 가수에 대한 열망이 사라질 리 없었다. 그러던 중 그녀의 음악성과 재능을 높이 평가한 선배 가수의 권유로 2011년부터 유튜브에 영상을 올리기 시작했다. 대중에게 인기를 얻고 있는 외국 가수들의 곡을 반주로 노래를 하는 영상이었다. 유튜브가 동영상 플랫폼이라는 점을 살려, 그녀만의 독특한 연출력과 가창력을 마음껏 발산했다. 제이플라는 유튜브 영상을 통해 조금씩 사람들의 관심을 받았고, 마침내 2013년에 가수 데뷔 앨범을 내고 방송에도 진출했다.

몇 장의 앨범을 더 냈지만, 큰 인기를 얻지는 못했다. 하지만 그것과

별개로 유튜브 활동을 계속했는데 2016년에 한 영상이 큰 인기를 얻었다. 이를 계기로 구독자 수와 영상의 조회 수가 폭발적으로 증가했다. 그녀의 매력은 SNS 입소문을 타고 많은 사람들에게 빠르게 전파되었다. 지금도 'JFlaMusic' 채널에는 매일 1만 명 이상의 신규 구독자가 유입되고 있다.

잊지 말아야 할 사실이 있다. 그녀의 성공이 한 순간에 이뤄진 게 아니라는 점이다. 그녀는 유튜브 반짝 스타가 아니다. 거의 10년에 걸쳐 자신의 꿈을 위해 노력했다. 탄탄한 실력과 매력을 지닌 이미 준비된 스타였다. 그녀가 숨죽여 내공을 쌓았던 시간을 우리는 기억해야 한다.

자기 채널을 통해 스스로를 홍보하는 시대가 왔다. 유튜브로 자신을 알리고 팬을 모을 수 있다. 자신을 세상에 알리고 싶다면 유튜브 등의 SNS를 적극 활용해보면 어떨까? 자신의 끼와 재능을 마음껏 보여주는 것이다. 무작정 꿈만 꾸지 말고, 일단 영상을 올려보자. 가능성을 열고 도전해보는 것이다. 유튜브의 문은 누구에게나 열려있다.

특이한 구도로 나만의 특징 살리기

그림이나 사진에서 구도는 매우 중요하다. 같은 대상을 표현한 작품도 구도에 따라 느낌이 크게 달라지기 때문이다. 작품의 주제와 목적에 부합하는 구도를 잡아야하는 이유이다. 이는 영상에서도 마찬가지이다.

유튜브에는 다양한 영상 구도가 존재한다. 당연히 채널에 목적에 따라 영상의 구도가 달라진다. 시청자와의 소통을 주된 목적으로 하는 영상은 크리에이터 얼굴 정면을 화면 중앙에 배치한다. 먹방에서는 음식이 잘 보일 수 있게 식탁을 구도에 포함시킨다. 키즈 분야에는 신체 부위 중 오로지 양손만 공개하는 크리에이터도 있다. 반면 상체 부분만 등장하는 경우도 있다.

제이플라 채널은 독특한 영상 구도를 가지고 있다. 덕분에 그녀는 앞모습보다 옆모습이 더 많이 알려진 크리에이터이다. 얼굴의 정면이 아닌 옆얼굴, 그것도 오른쪽 얼굴이 유명해진 까닭은 무엇일까?

처음에는 그녀도 다른 유튜버들처럼 정면을 보고 노래했다. 점점 커버하는 곡이 다양해지자 곡의 내용에 따라 영상의 구도나 장소도 달리했다. 영상마다 별도의 콘셉트를 잡은 것이다. 그러다 2016년 중반부터 영상의 구도를 한 가지로 통일했다. 헤드폰을 착용한 오른쪽 옆모습만 보이도록 카메라를 고정하고 노래하기 시작한 것이다. 이때부터 헤어 스타일도 머리를 한 갈래로 높이 묶는 '포니테일' 스타일로 통일했다.

아직 제이플라의 영상을 한 번도 보지 못한 독자들은 그녀가 '옆으로 서서 노래하는 모습'이 그려지지 않을 것이다. 특별할 것이 없다고 생각할 수도 있다. 하지만 헤드폰을 낀 포니테일 스타일, 옆모습을 보여주는 영상 구도는 이제 그녀의 트레이드마크다. 유튜브 시청자들의 머릿속에는 '포니테일 머리에 헤드폰은 낀 가수는 제이플라'라는 공식이 자연스레 새겨졌다.

곡을 해석하는 데도 제이플라만의 스타일이 있다. 그녀는 개성 있는 음색으로 커버곡을 자신만의 스타일로 노래한다. 서로 다른 곡을 조합해 하나의 새로운 곡을 만들기도 한다. 괜히 '커버곡의 여신'이라는 별명을 얻었겠는가. 원곡 가수의 극찬과 대중의 열광 뒤에는 그녀의 탁월한 곡 해석력이 있다.

그녀는 자신만의 스타일을 만들었고 이를 대중들에게 각인시켰다. 영상 구도와 형식을 통일하고 그녀만의 방식으로 노래함으로써 자신을 브랜드화 했다. 남들과는 다른 독자적인 방법으로 자신을 드러낸 것이다. 제이플라는 2016년부터 지금까지 이 전략을 고집하고 있다. 영상을 만들 때 그녀처럼 자신만의 스타일을 추구해보자. 그리고 자신만의 콘셉트를 정하고 일관되게 유지해야 한다. 이를 통해 자신을 하나의 브랜드로 만들 수 있다. 남들과 차별화된 스타일은 대중에게 오래 기억될 것이다.

성공할 수밖에 없는 두 가지 습관

명실상부 국내 탑 크리에이터 제이플라. 그녀는 세계 무대에서 어떤 위상을 보여줄까? 놀랍게도 그녀는 2018년 초, 전 세계 유튜브 TOP 100 아티스트 차트에서 26위에 올랐다. 이미 세계적인 수준의 유튜브 크리에이터라 할 수 있다. 실제로 제이플라의 채널은 해외 팬이 90%

정도를 차지한다. 영상의 댓글만 봐도 세계 각국의 다양한 언어를 확인할 수 있다.

지금은 누구보다 성공한 그녀이지만 유튜브를 만나기 전까지는 늘 힘들었다. 음악을 위해 20대 초에 독립했지만 꿈을 현실로 만들기란 쉽지 않았다. 창업 청년 대출을 받아가며 열심히 살았지만 생활고에 시달렸다. 15만 원짜리 마이크를 사기조차 쉽지 않았다. 하지만 두 가지 습관이 결국 그녀를 성공의 길로 이끌었다. 그것은 긍정의 마음가짐과 꾸준함이었다.

긍정의 힘으로 희망의 끈 놓지 않기

불안함을 갖고 가수 데뷔를 준비했지만 확신이 없어 불안한 나날을 보냈던 그녀는 음반 기획사와 계약이 중도에 해지되어 홀로 음반을 내기도 했다. 미국, 일본에서도 연락을 받았지만 실제 계약이 성사되진 않았다. 하지만 그녀는 항상 긍정적인 모습을 잃지 않았다. 그녀의 채널에 한 구독자가 달아둔 댓글에 대한 답으로 이렇게 말하기도 했다.

"변한 건 없는 것 같아요. 오히려 제 모습 그대로 보여드릴 수 있어서 좋아요. 언제나처럼 노력하며 더 열심히 잘해나갈게요!"

소속된 회사와의 계약이 조기에 끝나 앨범의 디자인과 유통까지 모든 것을 혼자 해내야 하는 상황에서 한 말이었다. 그녀가 직접 만든 노래 가사에도 긍정의 메시지가 묻어난다. '걱정마 아무렴 어때', '이 순간을 즐기면 돼', '모든 걸 이기는 내 주문은 웃는 거야'…. 이런 긍정의 힘이 있었기에 그녀는 희망을 끈을 놓지 않을 수 있었다.

꾸준히 업로드하기

제이플라는 매주 금요일에 커버곡 영상을 업로드 한다. 주기적으로 업로드하는 영상은 성실함의 실천이자, 구독자와의 약속이다. 그녀는 이렇게 수년 동안 꾸준함으로 구독자들에게 신뢰를 주었다. 앨범 준비와 건강상의 이유로 채널 운영을 잠시 중단했던 적도 있다. 하지만 궁금증을 가질 구독자들에게 자신의 상황에 대해 설명하는 것도 잊지 않았다. 꾸준히 소통하는 것을 게을리하지 않은 것이다.

주기적인 업로드로 구독자들에게 신뢰를 쌓아라. 그리고 꾸준함으로 승부하라. 구독자들이 당신의 콘텐츠를 기대하도록 만들고, 그 기대를 저버리지 않아야 한다. 유튜브 크리에이터에게 중요한 것은 '꾸준히 하는 것'이다.

그녀는 우리가 알고 있는 가수들과 다른 방식으로 성공했다. 자신만의 스타일로 노래하고 독자적인 영상 구도를 만들어 유튜브에서 자신을 알렸다. 긍정적인 생각과 꾸준함도 있었다.

현재 그녀는 영국 레이블과 계약하여 음반을 내고 있다. 어쩌면 지난 힘든 시절 때문에 지금의 성공이 더 빛나는 지도 모르겠다. 다음은 그녀가 작사한 곡의 일부이다.

아슬아슬하게 하루를 보내고 빨갛게 물드는 두 눈을 감고
화살이 되어 날아 저 높은 그 어딘가, 나 웃으며 날아갈 수 있게 되기를
노래가 되어 너에게 꿈꾸며 그 언젠가, 나 영원히 기억될 수 있게 되기를
– 제이플라, '와 빠르다'

지금의 제이플라는 그 시절의 제이플라를 보며 어떤 생각을 하고 있을까. 꿈을 담아 적은 노랫말처럼, 그녀가 유튜브를 넘어 사람들의 마음속에 영원히 기억되기를 꿈꿔본다.

6. ## 메이크업으로 작품을 만든다
_포니

유튜브 크리에이터들의 영향력이 점점 커지고 있다. 시각적 요소가 중요한 뷰티와 패션 산업 분야에서 이들의 활약이 더욱 두드러진다. 세계적인 뷰티 브랜드 랑콤LANCOME은 2015년에 뷰티 유튜버 리사 엘드리지Lisa Eldridge를 메이크업 아티스트 리더로 채용해 화제가 되었다.

메이크업 아티스트 포니(박혜민)는 이러한 흐름을 잘 이용해 성공한 사례 중 하나이다. 그녀는 메이크업 아티스트이지만 그녀 자체가 영향력 있는 셀럽Celebrity이기도 하다. 이미 국내를 넘어 세계 무대에서 활동을 하고 있다. 중국을 비롯한 아시아 여러 나라에서 그녀의 책이 출간되었다. 메이크업 아티스트로서 세계 각국의 행사에도 참가하고 있다. 케이뷰티K-Beauty를 전 세계에 알리는 데도 중요한 역할을 하고 있다.

지금 그녀는 누구보다 바쁜 시간을 보내고 있다. 국내 뷰티 업계에서 가장 영향력 있는 인물 중 하나로, 화려한 수상 경력을 자랑한다. 놀라

운 것은 포니가 전문적으로 화장을 배운 적이 없다는 사실이다. 그럼에
도 어떻게 지금의 위치에 이를 수 있었을까. 단순히 감각이 있어서, 때
를 잘 만나서라고 하기에 그녀의 성공은 너무도 거대하다. 그녀의 도전
과 성공은 우리에게 또 다른 새로운 가르침을 줄 것이다.

사람들의 관심사가 곧 콘텐츠

어려서부터 메이크업 아티스트가 되자고 결심한 것은 아니었다. 다
만 부모님의 영향으로 자연스레 그림을 접하고 배우게 되었다. 어린 포
니는 성인이 되어 그림, 디자인 관련 일을 하리라 생각했다. 시각디자
인을 전공하고 사회초년생 시절에 그래픽 디자이너로 활동한 경력도
있다.

그녀가 메이크업에 관심을 갖게 된 시기는 고등학교에 다니던 때였
다. 고등학생 포니는 엄마의 화장대에서 몰래 화장을 하며 사람을 돋보
이게 만드는 매력에 대해 알게 되었다. 그리고 자신의 메이크업 전과
후의 모습을 싸이월드 미니홈피에 올렸다. 사람들의 반응은 기대 이상
이었다. 입소문을 타고 포니의 메이크업 실력이 많은 사람들에게 순식
간에 알려졌다. 이때까지만 해도 메이크업은 그녀에게 취미 정도였다.

미니홈피 방문자가 늘어나자 그녀의 화장법에 대해 많은 사람들이
궁금증을 가졌다. 그녀는 반복되는 사람들의 질문에 답하기 위해 '메이

크업 튜토리얼'을 만들어 미니홈피에 게시했다. 2000년대 후반에는 미니홈피에서 블로그로 무대를 옮겨갔다. 본격적으로 자신의 화장법에 대한 자세한 설명을 사진과 함께 강좌 형태로 올렸다. 기본적인 메이크업 기술부터 그녀만의 노하우까지 공개했다. 무엇보다 따라 하기 쉬웠으며 친절하고 세세한 부분까지 신경 써주는 매력이 있었다. 화장법에 대한 궁금증을 시원하게 해결해주는 그녀의 블로그 콘텐츠는 시간이 지날수록 더 많은 사람에게 알려졌다. 포니의 블로그 포스팅은 대중들이 필요로 하던 내용이었고 그녀는 대중들이 무엇을 원하는지 알고 있었다.

대중들의 관심과 입소문은 유명세로 이어졌다. 인터넷을 하는 젊은 여성들 사이에서 포니는 유명인이 되었다. 이 과정에서 출판사의 연락을 받아 『포니의 시크릿 메이크업 북』을 출간하게 되었다. 이 책은 큰 화제가 되었고, 더 많은 사람들에게 포니라는 이름을 각인시켰다. 이후에도 몇 권의 책을 더 출판했고, 전 세계에서 150만부 이상 판매되었다. 책을 통해 인생이 크게 바뀌었다고 그녀는 이야기한다.

미니홈피와 블로그의 성공적인 운영, 그리고 베스트셀러의 집필. 포니는 화장을 체계적으로 배운 적은 없지만 차근차근 메이크업 아티스트로서의 경력을 쌓아갔다. 이미 성공했다고 볼 수도 있었다. 그러나 그녀의 도전은 거기서 멈추지 않았다. 어떤 방법으로 자신의 메이크업을 더 많은 사람들에게 보여줄 수 있을지 고민했다.

이후 CJ E&M과 손을 잡고 메이크업 영상을 만들었다. 국내 뷰티 유튜버가 없는 시기였기 때문에 많은 시행착오가 있었다. 이 시행착오 자체도 그녀의 도전이자 성장의 한 과정이었다. 포니의 메이크업 영상 역시 많은 사람들의 이목을 집중시켰다. 그리고 2015년부터는 독립하여 유튜브 채널을 운영하고 있다. 현재 포니의 채널 'PONY syndrome'의 구독자는 488만 명(2019년 3월 기준)이다.

이와 동시에 인스타그램도 운영하고 있다. 포니는 누구보다 SNS를 효과적으로 활용하며 자신을 세상에 알렸다. 미니홈피, 블로그, 유튜브 등을 거치며 똑똑하게 플랫폼을 이동했다. 또한 각 플랫폼의 특성에 맞는 콘텐츠를 통해 대중을 끌어들였다.

그녀는 온·오프라인 세상에서 항상 사람들을 관찰하고, 그들이 무엇을 좋아하는지에 대해 고민했다. 대중에 대한 관찰, 사람들이 몰리는 곳으로 빠르게 움직이는 감각이야말로 지금의 포니를 있게 한 원동력이다. 또한 그녀는 사람들의 피드백을 중요하게 여긴다. 유튜브 영상의 소재 또는 콘셉트를 사람들의 댓글에서 얻는 경우가 많다. 사람들은 자신이 필요했던 것을 적절한 시기에 제공해주니 포니의 채널에 몰릴 수밖에 없다.

유튜브 영상은 대중들의 관심을 필요로 한다. 대중의 관심 여하에 따라 채널의 성장 수준이 달라진다. 따라서 사람들이 무엇을 좋아하는지에 대한 고민이 필요한 것이다. 포니처럼 대중을 관찰하고 그들이 무엇을 좋아하는지 고민해야 한다. 파급력이 있는 플랫폼에서 대중의 수요에 맞는 콘텐츠를 공급하라. 그리고 그들이 몰려 있는 곳에서 그들이 듣고 싶은 이야기를 콘텐츠화 하라. 이를 통해 세상에 당신을 드러낼 수 있을 것이다.

자신에 대한 이해가 먼저다

지금은 메이크업 아티스트가 아닌 그녀를 상상할 수 없지만, 과거에 진로를 고민하던 시기가 있었다. 그래픽 디자이너와 메이크업 아티스트의 갈림길에서였다. 결국 포니는 메이크업을 직업으로 삼게 되었고, 결과적으로 시청자들에게 큰 영향력을 발휘하게 된 '잘한 결정'이 됐다. 당시 그녀가 과감하게 결정하지 못했다면 유튜브 크리에이터 포니는 없었을지도 모른다. 또는 한 때의 반짝 인터넷 스타로 남아있을지도 모른다.

어떻게 그녀는 기존의 일상에서 벗어나 지금의 길로 뛰어들 수 있었을까? 용기와 자신감이 있었기 때문일까? 젊은이의 패기와 열정으로 이루어낸 것일까? 무엇보다 자기 자신을 잘 알고 있었다는 사실에 주목해보자. 그녀는 자신에 장점과 단점, 좋아하는 것과 잘하는 것을 확실하게 알고 있었다. 이는 그녀의 자신감, 확신에 대한 근원이기도 했다. 메이크업을 접하며 화장의 매력에 빠졌고 그 실력을 대중에게 인정받았다. 메이크업은 그녀가 남들보다 잘 할 수 있는 것이면서 그녀가 좋아하는 것이기도 했다. 취미를 메이크업을 직업으로 선택한 것은 무모한 도전이 아닌 이유 있는 도전이었던 것이다. 자신에 대한 올바른 이해가 성공적인 선택을 하게 했고, 인플루언서가 될 기회까지 잡을 수 있었다.

내가 뭘 좋아하는지에 대한 분명한 답을 얻는다면 자신이 잘하는 것을 찾을 수 있다. 마찬가지로 좋아하는 것을 유튜브 채널의 주제로 삼으면 지속적으로 콘텐츠를 개발할 수 있다. 그래야 채널의 방향도, 기회도 잡는다. 자신을 먼저 파악하고 이에 맞춰 촬영과 편집을 해야 채널의 개성 또한 드러난다. 기억하자, 자신에 대한 바른 이해가 먼저이다.

대체 불가능한, 유일한 존재 되기

뷰티 크리에이터를 기획 및 육성하는 기획사가 생길 정도로 이 분야에 대한 사람들의 관심은 뜨겁다. 1세대인 포니를 거쳐 수많은 여성, 심지어 남성들까지 뛰어들고 있다. 달리 말하면 남들과 똑같은 방식으로는 경쟁력을 가질 수 없다는 뜻이다.

포니는 메이크업 분야의 화려한 경력과 양질의 콘텐츠로 유튜브 뷰티 분야에서 유일한 존재가 되었다. 그녀는 고화질의 영상, 전문적인 편집, 전문성 있는 설명 등으로 다른 뷰티 크리에이터들과 차별화를 이루었다. 그녀는 분위기 좋은 펍이나 바를 연상케 하는 어둡고 매혹적인 배경의 공간에서 촬영한다. 배경이 어두워 얼굴이 더 환해 보이며, 시청자들이 그녀에게 집중할 수 있는 효과가 있기 때문이다. 피부 표현을 할 때와 눈화장을 할 때 등 부위별 촬영 구도도 다르다. 제품 소개와 화장 과정도 지루할 틈이 없을 만큼 장면 전환이 빠르고 감각적이다.

뷰티 유튜버를 꿈꾸는 사람이라면 이제 포니와 같은 방식으로 영상을 만들면 안 된다. 그녀와는 다른 차별 전략이 있어야 한다. 예를 들어 메이크업 영상에 스토리를 입히는 방식이나 이웃 주민처럼 친근한 이미지로 다가가는 전략, 혹은 화장품 관련 통계 또는 논문을 활용해 이론적으로 접근하는 방법 등이 있다. 중요한 것은 차별화, 특화를 통해 유일한 존재가 되는 것이다.

대도서관은 유튜브를 비롯한 1인 미디어 운영을 레스토랑 운영에 비유하여 이야기한다. 유명 레스토랑에 가면 시그니처 메뉴가 있듯이 채널에도 시그니처 콘텐츠가 있어야 한다는 것이다. 다른 채널에는 없는, 하지만 이 채널에만 있는 차별화된 기획의 콘텐츠 말이다. 이는 해당 채널의 정체성이자, 구독자들이 채널을 찾는 이유이다.

포니의 경우 메이크업 영상 촬영을 위한 의상과 헤어까지 혼자서 꼼꼼하게 기획한다. 하나의 영상을 위해 촬영하는 시간은 짧게는 3시간, 길게는 7시간 정도이다. 포니 채널의 시그니처 콘텐츠는 '고퀄리티'다. 그녀는 뷰티 유튜버 중에서 다른 사람으로 대체할 수 없는 유일한 존재가 됐다.

당신의 시그니처 콘텐츠는 무엇인가? 그리고 시청자들이 당신의 채널을 찾아야 하는 이유는 무엇인가? 당신의 채널은 다른 이들이 대체

할 수 없는 유일한 채널인가? 이 질문에 명확하게 답할 수 있을 때 당신은 유튜브 크리에이터로서 큰 걸음을 내딛을 수 있을 것이다.

포니는 대중들을 관찰하고 그들이 원하는 것을 파악했다. 자신에 대한 바른 이해가 바탕이 되어 결국 재능과 노력을 바탕으로 대체 불가한 존재가 되었다. 그녀의 이야기는 손자병법의 '지피지기 백전불태知彼知己 百戰不殆'를 떠올리게 한다. 상대를 알고 자신도 알고 있었던 그녀의 성공은 어쩌면 예견된 것인지도 모르겠다.

그녀에게 메이크업은 단순한 화장이 아니었다. 피부, 화장품, 색의 조합에 대한 예술이며 대중과의 소통, 유행의 흐름에 대한 종합적인 이해였다. 메이크업으로 누구나 아름다워질 수 있다고 믿는 포니는 자신의 이름을 딴 아카데미를 만드는 것이 꿈이다. 이를 위해 최근에는 아시아를 넘어 유럽 등의 진출에도 힘쓰고 있다. 그녀는 오늘도 도전 중이다.

7. ## 유튜브에서는 누구나 무엇이든 가능하다
_개성 넘치는 크리에이터들

유튜브는 인간의 모든 모습을 담고 있다. 영상 소재 면에서 거의 모든 분야를 다룬다. 디지털 세대는 이제 요리도, 화장도, 반려동물 키우기도 동영상으로 한다. 유튜브와 전혀 어울릴 것 같지 않는 의학, 법률과 같은 전문 지식은 물론이고 농사 노하우, 수산물 상식에 대해 알려주는 콘텐츠도 있다. 최근에는 정치계 인사들까지 유튜브에 가세하기 시작했다.

크리에이터는 소재뿐 아니라 나이에도 제한이 없다. '박막례 할머니'는 70대가 넘은 나이에 유튜브를 시작해 인생 2막을 열어가고 있다. 국내 최연소 크리에이터 '서은이야기'의 신서은 양은 3살에 처음 유튜브를 시작했다고 한다. 누군가는 추억을 위해, 누군가는 가족과의 약속을 위해 유튜브를 시작했다. 소재도 나이도 사연도 다양하다. 유튜브에는 매력 있는 수많은 크리에이터들이 존재한다. 한 인터넷 비디오 전문가

는 "유튜브는 인류 역사상 가장 방대한 문화 데이터베이스"라고 표현하기도 했다. 유튜브 안에서 불가능은 없다. 누구든 할 수 있고, 무엇이든 가능하다.

국내 유튜브 채널 중에서 개성 있는 몇 개의 채널에 대해 소개하려 한다. 지면 제약이 있어 조금 더 많은 채널과 크리에이터를 소개하지 못하는 것이 아쉬울 따름이다. 그들이 유튜브에서 어떻게 자신만의 매력을 뿜내고 있는지, 어떻게 자신만의 인생을 만들어가고 있는지 알아보자.

롱런의 비결은 좋아하는 소재

전업으로 유튜브 크리에이터를 하는 사람도 있고 본업 외로 유튜브를 하는 사람도 있다. 본업이 있는 사람은 시간적인 제약으로 인해 퇴근 후 시간 또는 휴일에 영상을 만들어야 한다는 어려움이 있다. 하지만 본업의 특기나 재능, 경험을 살릴 수 있다는 장점도 있다. 관련 자료를 조사하던 중 알게 된 한 유튜버는 실제 편의점 점주였다. 그는 편의점을 직접 운영하며 편의점 이용 팁, 에피소드에 대한 영상 콘텐츠를 꾸준히 업로드하고 있었다. 투잡Two Jobs 유튜버의 좋은 사례가 아닐까 생각한다.

물론 반대의 사례도 있다. 본업과는 전혀 상관없는 주제로 채널을 운영하지만 국내를 넘어 해외에서도 이름을 널리 알린 크리에이터가 있다. 채널 '퇴경아 약먹자'의 운영자 고퇴경이다. 그는 댄스 크리에이터이다. 좁은 자취방에서 스스로 선택한 곡에 맞추어 춤을 춘다. 주로 케이팝K-POP 곡을 선택하여 해당 곡의 의상과 안무를 패러디한다. 혼자서 1인 다역으로 춤을 추고 코믹한 연출로 웃음을 유발한다. 그의 유튜브 구독자 수는 150만 명에 이르며 그의 SNS를 찾는 사람의 절반 정도는 외국인이다.

이렇게 영향력 있는 댄스 크리에이터로 활약하는 그이지만 사실 본업은 따로 있다. 놀랍게도 약사다. 그가 동영상에서 보여주는 폭발적인 끼와 에너지는 우리가 생각하는 약사의 이미지와 대비된다. 믿기 어렵지만 주중에는 제약 연구원으로, 주말에는 약국에서 일하는 성실한 청년이다. 일을 끝내고 밤이 되면 집으로 돌아와 영상 촬영과 편집을 시작한다. 하나의 영상을 제작하는데 평균 10시간 정도가 소요된다고 한다. 고작 몇 분짜리 영상을 만드는 데 수많은 시간을 투자한다. 편집 난이도나 음악, 소품, 의상에 따라 훨씬 더 많은 시간이 소요되기도 한다.

그는 어떤 계기로 영상을 만들게 되었을까? 어린 시절에는 그저 안경을 쓴 조용한 아이였다고 한다. 다만 한 가지 일에 빠지면 엄청나게 몰입을 했는데, 학창시절에는 그 몰입의 대상이 컴퓨터 게임이었다. 그러다 대학 진학 후, 동기들과 참가한 UCC 콘테스트 입상을 계기로 동영상으로 자신을 기록하는 일에 대해 생각해보았다. 의미도 있고 재미도 있을 것 같았다. 그래서 바로 영상 만들기를 시작했다. 그렇게 일 년 정도 유튜브 채널을 운영하다가 문득 짧게 찍어 올리던 것을 한꺼번에 모아서 올려보면 어떨까 하는 생각을 했다. 그동안의 영상을 모아 4분 짜리 동영상을 만들었다. 그런데 이 영상이 세계적인 인기를 얻으면서 미국, 유럽, 아시아 등지에서 그가 'Funny Korean Guy'로 소개되기에 이르렀다. 불과 며칠 만에 벌어진 일이었다. 100명 안팎이던 구독자는 순식간에 만 명을 넘었다. 이제 그는 게임이 아닌 동영상 촬영에 몰입을 하고 있다.

본업을 유지하면서 밤새 영상을 촬영하고 편집하는 일은 결코 쉽지 않다. 정말 좋아하지 않으면 하지 못할 일이다. 그는 음악, 안무, 의상 준비부터 영상 촬영, 편집까지 모두 혼자 하고 있다. 게다가 대부분의 콘텐츠에서 수익이 나지 않는다고 한다. 원곡의 음악 저작권 때문이다. 수익과 관계없이 그가 이 일을 지속할 수 있는 것은 그가 정말 이 일을 좋아하기 때문이다. 자신이 좋아하는 일을 하고 있기 때문에 힘든 줄 모르는 것이다. 그의 열정, 에너지, 창의력은 여기에서 나오는 것이 아닐까 생각해본다.

이처럼 유튜브 크리에이터를 꿈꾸는 이들에게 '정말 좋아하는 소재' 를 찾는 작업은 중요하다. 이 작업이 잘 이루어져야 채널의 확실한 정 체성을 보여줄 수 있고 꾸준함으로 이어질 수 있기 때문이다. '유튜브 롱런'을 위해서라도 스스로 좋아하는 소재를 선택해야 한다.

최초는 최고가 되는 지름길

독특한 채널을 운영하는 이색 크리에이터를 보면 아직도 유튜브는 블루오션이라는 생각이 든다. 유튜브의 가능성은 어디까지일까. 여기, 자기만의 색깔을 담아 최초의 길을 걸어가고 있는 크리에이터들이 있다.

대추고 청년에서 더빙 크리에이터로, 장쀼쭈

장쀼쭈(장진수)는 기존의 만화 영상에 새로운 목소리를 입히는 더빙 크리에이터이다. 그의 영상은 개당 2분 남짓이다. 하지만 치밀하게 계획된 유쾌한 멘트로 매우 몰입도 높은 콘텐츠를 제공한다. 모든 더빙을 혼자 진행하지만 남녀노소 누구의 목소리든 완벽하게 표현하며 특유의 언어유희 또한 매력적이다. 특히, 10대~20대 사이에서 인지도가 높다. 처음 채널을 개설하고 50일 만에 구독자 10만 명을 달성할 정도로 급성장한 채널이기도 하다.

원래 '장쀼쭈' 채널은 자신이 만든 대추고대추에 설탕을 넣고 걸쭉해질 때까지 졸여 만든 식품를 홍보하기 위한 목적이었다. 그런데 연습 삼아 만든 더빙 영상이 엄청난 인기를 얻자 유튜브 크리에이터로 전업했다. 그는 학창시절에 성적이 항상 꼴찌였다고 한다. 유일한 낙은 선생님 성대모사를 연습해서 친구들에게 들려주는 것이었다. 덕분에 여러 사람의 목소리를 낼 수 있게 되었고, 이것이 지금의 장쀼쭈를 있게 했다.

그는 시청자들에게 더빙 영상으로 빈틈없는 2분을 선사한다. 여기엔 웃음이 있고 공감이 있다. 때로는 누진세, 물가 인상과 같은 사회 문제를 풍자하기도 한다. 최근에는 여러 기업과 협업하여 콘텐츠성 광고도 제작하고 있다. 장삐쭈는 더빙 실력, 공감되는 소재, 솔직한 매력과 함께 자신만의 무기로 성공가도를 달리고 있다. 그의 B급 감성 '병맛 더빙'은 앞으로도 많은 이들에게 웃음을 줄 것이다.

3D 펜으로 뭐든 만드는 남자, 사나고

혹시 3D 프린터 말고 3D 펜이 있다는 사실을 아는가. 3D 펜은 '3D 프린팅 펜'의 줄임말로 펜 안에 플라스틱 원료를 가열해 잉크처럼 쓸 수 있는 장치가 내장되어 있어서 그림을 그리듯 원하는 형태를 만들 수 있는 도구다. 유튜버 '사나고(권원진)'는 오로지 이것 하나로 콘텐츠를 만든다. 3D 펜으로 여러 가지 형태를 만들고, 그 과정을 엮어 하나의 영상으로 만든다.

그가 유튜브를 시작한 계기는 단순하다. 취미 삼아 3D 펜으로 이것저것 다양한 작품을 만들다가 유튜브 검색을 했는데 생각보다 자료가 많지 않았다. 특히 국내에는 3D 펜으로 콘텐츠를 올리는 사람이 없었다. 그래서 '한번 해볼까' 하는 마음으로 시도해보았다가 생각보다 반응이 좋아 지금은 전업 크리에이터로 활동 중이다. 취미가 그를 국내 최초 3D 펜 크리에이터로 만들어준 셈이다.

2018년 1월부터 운영을 시작한 유튜브 채널 '사나고'의 구독자는 약 20만 명이다. 국내 경쟁 채널이 없는 만큼 앞으로 성장 가능성이 무궁무진하다. 그의 영상은 생소한 소재이지만 작품이 완성되는 과정을 지켜보는 재미가 있다. 3D 펜으로 하나의 작품을 완성하는데 평균 10시간이 소요되는데, 그 과정을 10분가량의 영상으로 압축해 유튜브에 업로드한다. 대학에서 미술을 전공한 경험과 영상을 제작한 경험이 현재 그의 채널 운영에 많은 도움을 주는 것으로 보인다. 그는 국내 1위를 넘어 세계 1위의 3D 펜 크리에이터가 되기 위해 계속 노력 중이다. 유명인사가 되어 문화 소외계층을 위한 창작소를 만드는 것이 그의 최종 목표이다.

이제 책과 그림도 영상으로 본다

게임, 먹방 등 식상하고 소모적인 콘텐츠에 싫증을 느낀 일부 시청자는 새롭고 조금 더 의미 있는 콘텐츠를 찾고 있다. 그들은 잔잔하고 마음의 울림을 주는 콘텐츠를 찾아 헤맨다. 책, 미술, 영화 등의 문화 관련 채널을 운영하는 크리에이터들은 이들의 수요를 충족시켜 준다. 이들 채널은 뷰티, 키즈 등 다른 분야에 비해 소규모이지만 꾸준하게 성장하고 있다.

애니메이션으로 보여주는 책, 책그림

도서와 관련된 콘텐츠를 만드는 크리에이터를 흔히 '북튜버'라고 한다. 이들은 자신만의 방식으로 책의 내용을 전달한다. 책의 일부를 그대로 읽어주기도 하고, 책의 전체 내용을 요약해 전달하기도 한다. 그 중 한 명인 '책그림'은 화이트보드 애니메이션을 통해 책의 내용을 전달한다. 주로 인문·사회 분야 서적의 내용을 요약, 정리하여 5분 내외의 애니메이션으로 만든다. 한 권의 책을 소개하거나 여러 권의 책을 비교한다.

이 채널의 장점은 지루하지 않다는 것이다. 책의 지면을 그대로 보여주면 지루할 수 있지만 애니메이션으로 책의 내용을 전달하기 때문에 쉽고 재미있다. 차분한 목소리와 성실한 콘텐츠는 시청자에게 신뢰를 준다. 책에 기반한 자신의 경험과 생각도 덧붙여 마치 하나의 강연을 보는 듯하다. 책에서 출발하여 새로운 작품을 창조하는 셈이다.

시작은 사이드 프로젝트Side Project였다고 한다. 그는 회사에 다니며 틈틈이 직접 채널을 만들어보겠다고 결심했다. 해외에 많은 지식 채널이 국내에는 많지 않았기 때문이다. 책을 좋아해 책을 기반으로 시작을 했고, 퇴근 후 시간과 주말을 활용해 콘텐츠를 제작했다. 영상을 편집하여 하나의 콘텐츠를 만드는데 순수하게 12시간 이상을 투자했다. 책을 선정하고 읽고 대본을 작성하는 노력은 제외하고 말이다. 직장인으로서 결코 소화하기 쉽지 않은 도전이었지만 끈기 있게 노력했고, 하나둘 영상을 만들어나갔다. 현재 그는 국내에서 손에 꼽히는 북튜버가 됐다. 지금은 전업 크리에이터로 활동하고 있다.

진짜보다 더 진짜 같은 그림을 그리다, 드로잉핸즈

채널 'Drawing Hands'는 사진보다 더 실제 같은 극사실화로 유명하다. 채널을 운영하는 전숙영 작가는 서양화를 전공하고 오랜 기간 입시 미술 학원에서 학생들을 가르쳤다. 이후 결혼과 출산으로 인해 경력이 끊겼지만, 우연히 유튜브에 올린 그림 그리는 영상이 화제가 되어 유튜버의 길로 들어섰다.

색연필과 마카만으로 그림을 그리는데 실물과 구분이 되지 않을 정도로 섬세하다. 밑그림부터 채색까지 10시간 정도 걸리는 모든 과정을 촬영하고, 빨리 감기로 편집해 10분짜리 영상으로 만든다. 사람들과 소통하기 위해 '어느 것이 그림일까요?'와 같은 새로운 기획을 내놓기도 한다. 흰 종이에 놓인 4개의 콜라병 중에서 진짜 콜라병과 색연필로 그린 콜라병을 구분해내는 식이다. 실제 영상을 보면 그 표현력에 감탄할 수밖에 없다.

그녀는 대중적이고 친근한 그림을 그리기 위해 노력한다. 미술 전공을 하던 시절에는 잘 사용하지 않던 색연필로 그림을 그리는 것도 노력 중 하나이다. 그림의 소재가 되는 인물이나 사물을 선정할 때도 대중적이고 친숙한 것을 고른다. 귀여운 장난감이나 화제성을 지닌 사람, 캐릭터 등이다.

유튜브는 그녀에게 채널 광고 수익 외에 새로운 길을 열어주었다. 그녀는 정기적인 그림 수업을 진행하고 외주 작업 의뢰를 받으며 바쁘지만 행복한 시간을 보내고 있다. 아이를 키우면서도 시간을 쪼개어 크리에이터 활동을 하고 있다. 수차례 방송 출연을 했으며 최근에는 2권의 책도 출판했다.

그녀의 성공은 여러 가지 의미를 가진다. 그녀는 경력 단절을 극복하고 당당하게 세상에 섰다. 돈이 안 된다는 미술 분야에서 자신의 입지를 세웠다. 오로지 스스로의 힘으로 자신을 드러내었고, 주부이자 크리에이터로 활동 중이다.

타깃이 있는 곳이면 어디든 무대다

SNS를 활용하여 유튜브라는 또 다른 SNS를 홍보하고 알린다는 것이 이상하게 들릴 수도 있다. 하지만 이들 서비스는 밀접한 관련을 갖고 있다. 많은 사람들이 동시에 여러 가지 서비스를 이용하기 때문에 한 서비스의 좋은 콘텐츠가 다른 서비스로 공유되기 쉽다. 사람들은 자신의 생각이나 감정을 타인과 나누고 싶어 하기 때문이다.

SNS 홍보를 통해 유튜브 채널을 효과적으로 운영한 사례를 살펴보려 한다. SNS 마케팅 관점에서 다음의 사례를 이해하되, 그들이 기본적으로 좋은 콘텐츠와 성실함을 갖추고 있었다는 사실은 잊지 말자.

지식 콘텐츠로 소셜커머스와 책 출간까지, 체인지 그라운드
채널 '체인지 그라운드'는 유튜브의 대표적인 지식 콘텐츠 채널이다.

자기계발, 동기부여, 시간 관리, 업무 효율 등 성장에 대한 다양한 정보를 제공한다. 시청자에게 긍정적 임팩트를 주는 영상이 매일 2~3개씩 올라온다. 그것도 시청자의 마음을 울리고 머리를 때릴만한 고품질의 동영상들이다. 하루에 하나의 영상을 업로드하기도 벅찬데, 이 채널은 도대체 어떻게 운영되는 걸까?

사실 이 채널의 운영자는 한 명이 아니다. 〈인생 선배의 개념 주례사〉로 유명한 신영준 박사와 고영성 작가, 이웅구 이사가 주축이 되어 10명이 넘는 PD가 함께 일하고 있다. 대본 작성, 나레이션은 외주 작업으로 진행하고, 분업도 잘 되어 있어 영상이 수시로 올라온다.

자기계발이나 지식 관련 분야는 유튜브에서 인기 있는 카테고리가 아니다. 게임, 엔터테인먼트 등 흥미성 콘텐츠가 대다수인 환경에서 이런 콘텐츠의 수요는 많지 않다. 그럼에도 불구하고 이 채널은 꾸준하게 성장하고 있다. 좋은 콘텐츠를 꾸준하게 업로드하고 있기 때문이며, 콘텐츠의 질과 양을 모두 충족하고 있기 때문이다. 소셜 미디어를 집중 공략한 것도 이 채널의 주요 성공 요인 중 하나이다. 특히 20~30대 젊은이들과 페이스북을 통해 소통하며 채널은 자연스럽게 성장했다.

이후 '체인지 그라운드'의 신영준 박사와 고영성 작가가 함께 20~30대를 겨냥한 책 『완벽한 공부법』을 출간하기도 했다. 이 책은 SNS를 통한 홍보와 맞물려 베스트셀러가 되었다. 동시에 '체인지 그라운드'의 성장에도 영향을 주었다. 이외에도 이 채널은 무료 강연, 멘토링 프로젝트, 독서 모임 등 다양한 오프라인 모임도 진행하고 있다. 이러한 온오프라

인 프로그램은 앞으로도 완성도 있는 콘텐츠와 함께 채널의 성장을 견

인할 것이다.

8. 명실상부 세계 최고의 유튜브 스타
_퓨디파이

유튜브 크리에이터란 단어를 들으면 빼놓을 수 없는 사람이 있다. 전세계 구독자수 1위를 자랑하는 유튜버(개인 유튜버 기준), 독보적인 세계 최고의 유튜브 스타, 바로 퓨디파이PewDiePie다. 유튜브 역사 상 가장 많은 구독자를 가졌으며, 2013년 이후 줄곧 1위의 자리를 유지하고 있는 살아있는 전설이다. 무려 8,800만 명(2019년 3월 기준)의 구독자를 보유하고 있다. 그의 채널 구독자 수는 남한과 북한의 인구 통계치를 넘어선다.

스웨덴 출신인 그의 본명은 펠릭스 아르비드 울프 셸베리Felix Arvid Ulf Kjellberg다. 2010년에 처음으로 유튜브 채널을 만들었고 현재까지 활발하게 활동 중이다. 구독자 수와 그의 영향력에 걸맞게 2016년 타임지 선정 '세계에서 가장 영향력 있는 인물 100인'에 선정되기도 했다.

그의 첫 영상은 고작 2분짜리 마인크래프트 플레이 영상이었다. 평범하게 자신이 좋아하는 일을 하던 퓨디파이는 어떻게 지금의 위치에 오를 수 있었을까? 스웨덴 청년의 유튜브 세계 정복기를 따라가 보자.

흔들리지 않고 자신의 길을 걷다

세계 1위를 자랑하는 퓨디파이의 채널은 어떤 모습일까? 세계 최정상이니만큼 공중파 방송과 견줄 만큼의 고품질 영상을 기대할 수도 있겠다. 그러나 그의 영상은 공중파의 그것과 다르다. 그의 채널은 '유튜브스러운' 콘텐츠로 가득하다. 게임에 빠져 소리 지르고, 박수치고, 쉴 새 없이 이야기하고… 평소와 다름없는 모습이 그에겐 콘텐츠이자 시청자들에게 구경거리이다. 다소 정신없어 보이지만 자신만의 스타일로 채널 운영을 하고 있다.

자신에 대한 철저한 믿음이 필요하다

지금은 많은 사람들의 부러움을 받는 그에게도 힘든 시간이 있었다. 어려서부터 게임을 즐긴 그는 20대 초에 유튜브를 자신의 커리어로 삼겠다고 결심했다. 다니던 대학도 중퇴하고 말이다. 실망한 부모님은 경제적 지원을 끊었다.

지금이야 유튜브에 대한 사회적인 관심이 높지만, 7~8년 전에 유튜브를 하겠다고 대학을 그만두는 자식을 반기는 부모님이 얼마나 될까.

공자는 나이 서른을 '입지立志'라고 정의했다. 뜻을 세우는, 인생의 목표를 확고히 세우는 시기라는 것이다. 퓨디파이는 20대에 벌써 뜻을 세우고 도전했지만 환영받지 못했다.

이런 상황에서 퓨디파이는 아르바이트를 하거나 외주 받은 포토샵 작업을 하면서 근근이 생활을 이어나갔다. 컴퓨터 장비 구입 등으로 통장 잔고가 바닥나 일주일 간 스파게티 면만 먹기도 했다. 첫 1년간 수익이 전혀 없었지만 기다리는 구독자들을 위해 꾸준히 동영상을 업로드했다. 철저하게 자신을 믿지 않았다면 불가능한 일이었다. 외부의 지원과 격려 없이 어려운 시간을 극복할 수 있었던 것은 자신에 대한 믿음 덕분이었다.

오직 좋아하는 것에 몰입한 시간이 있었다

퓨디파이는 확실히 끼와 에너지가 있다. 방송을 재미있게 하는 능력도 있다. 이런 재능과 그의 준수한 외모, 영어로 콘텐츠를 진행한 점은 그가 세계적인 유튜브 스타가 되는데 도움을 주었다. 하지만 이게 다는 아니었다. 항상 자신이 좋아하는 것에 몰두했고 꾸준히 했다. 그가 처음 유튜브를 시작할 때에도 이미 대형 유튜버들이 있었다. 그럴수록 더욱 자신의 일에 집중하며 소수의 구독자들을 위해 꾸준히 영상을 올렸다. 그러다가 그가 유명해지기 시작한 것은 2011년 공포 게임을 플레이하며 무서움에 놀라는 모습이 방송을 타면서부터이다. 이후 그의 구독자 수와 인지도가 상승하며 현재의 자리에 있게 되었다.

좋아하는 일에 몰두하여 성공을 이룬 사례는 많다. 2015년 종이비행기 국가대표가 된 이정욱은 어려서부터 종이비행기에만 몰두하여 2만 개 이상의 비행기를 접었다. 그저 종이비행기가 좋아서 몰입하다 보니 항공역학, 공기역학 등을 독학하기도 했다. 결국 세계 대회에서 우승하고 기네스북 세계 기록을 세우기까지 했다. 현재는 이색스포츠 컨설팅 회사를 창업하여 자신이 좋아하는 일을 업으로 삼고 있다. 평범했던 퓨디파이와 이정욱의 공통점은 무엇일까. 오직 좋아하는 것에 몰두한 시간이 있었다는 것이다. 주변의 시선으로 힘든 시간도 있었지만 한 가지 일에 매달린 집념으로 성공에 이르렀다.

사실 퓨디파이가 주목받는 이유 중 하나는 엄청난 수익 때문인데, 정작 그는 돈을 목적으로 유튜브를 하지 않는다. 그는 〈Let's Talk About Money〉라는 영상에서 돈에 대한 자신의 생각을 밝히고 있다. 돈은 중요하지 않으며, 돈은 사람을 행복하게 하지 못한다는 것이 그의 생각이다. 그렇기에 그는 1년간 수입이 없는데도 유튜브를 지속할 수 있었다.

기본적인 생활을 영위하기 위한 돈은 필요하다. 하지만 오로지 금전적 목적으로 어떤 일을 하게 되면 오래 지속하기 힘들다. 돈 때문에 억지로 하는 일에서 보람을 느끼고 성과를 내기 어렵다. 의미 또한 찾을 수 없다. 결국 한계가 찾아온다. 꾸준한 채널 성장을 통해 유튜브에서 빛을 보기 위해, 돈이 아닌 좋아하는 일에 주목해야 하는 이유다.

영상 만들기를 즐기기

퓨디파이의 채널 정보란에는 딱 한마디가 쓰여 있다. "I make videos." 그는 이렇게 간단명료하게 자신을 정의한다. 짧지만 그의 정체성을 확실하게 설명하는 한 줄이 아닐까 싶다. 유튜브를 시작하면 필수적으로 영상을 만들어야 한다. 영상으로 소통하는 플랫폼 채널을 운영하는데 영상 제작을 싫어한다는 것은 말이 안 된다. 이런 사람은 유튜브 채널 운영을 심각하게 고민해봐야 한다.

요즘은 편집자를 따로 두는 경우도 많지만, 최소한 스스로 컷cut 편집은 해야 한다. 컷 편집이란 영상을 필요한 부분만 잘라서 이어 붙이는 것을 말한다. 의도치 않게 촬영된 부분은 잘라내고 실제로 영상에 쓰일 장면만 모으는 작업이다. 이를 통해 영상의 대략적인 틀이 결정되고 제작자의 의도가 반영된다. 따라서 최소한 이 과정을 거친 후에 편집자에게 넘겨야 한다.

크리에이터는 영상을 즐겁게 만들 수 있어야 한다. 적어도 컷 편집을 하며 웃음 지을 수 있을 정도로 즐겨야 한다. 즐기는 마음을 갖도록 노력이라도 해야 한다. 그렇지 않으면 이 일을 지속하기 힘들다.

퓨디파이는 수년간 자신의 채널을 운영하며 매일 영상을 업로드하고 있다. 처음엔 게임으로 시작했으나 현재는 게임, 엔터테인먼트 등 다양한 영상이 올라오고 있다. 질릴 만도 한데 그는 영상을 만드는 작업이 아직도 재미있다고 한다. 다음은 그가 방송에서 했던 조언이다.

"만약 당신이 영상 만드는 것을 즐기지 않는다면, 지속하기 어려울 거예요. (반대로) 즐기면서 영상을 만든다면, 당신은 실패할 수 없어요. 구독자가 많지 않아도 상관없어요. 나는 200명의 구독자를 가졌을 때도 똑같이 행복했어요. 단지 사람들에게 내 비디오를 보여주는 것이 재미있다고 생각했으니까요."

유튜브는 동영상으로 이야기하고 소통하는 플랫폼이다. 필수적으로 영상 만들기 자체를 좋아해야 한다. 여기서 더 나아가 채널 운영 전반을 즐겨야 한다. 유튜브는 영상의 기획-촬영-편집-홍보-소통의 모든 과정이 종합적으로 이루어져야 성공에 가까워질 수 있다.

초심 그대로 구독자와 소통하기

퓨디파이는 자연스러운 모습으로 팬들과 신뢰를 쌓았다. 시끄럽고 소란스럽게 이야기하는 모습은 그의 평소 모습이었다. 그리고 비슷한 취향을 가진 그의 팬들에게 친근하게 다가갈 수 있었다.

이처럼 그는 구독자를 유지하는 것이 중요한 문제라고 이야기한다. 유튜브는 개인으로서의 특질과 관련되어 있으며 구독자가 찾는 것은 콘텐츠 자체보다는 크리에이터의 성향이라는 것이다. 구독자는 크리에이터를 존중하고, 성향에 동의하기 때문에 콘텐츠를 즐길 수 있다. 유튜브는 TV와 달리 카메라 앞의 사람이 곧 콘텐츠이기 때문에 개인의 성향이 드러나는 것이 사실이다. 일부 시청자는 크리에이터 자체를 좋아하기 때문에 영상을 본다. 그러므로 좋은 영상에 들이는 노력만큼 구독자와의 관계를 유지하는 것 또한 중요하다. 그들은 채널의 성장을 견인할, 가족과 같은 존재가 될 것이다. 퓨디파이의 성공 이면에도 그를 응원하고 지지해준 구독자들이 있었다. 그는 자신의 팬들을 'Bro'라고 부르며 교감한다.

퓨디파이의 영상은 10~30분 정도로 비교적 긴 편이다. 덕분에 많은 시청 시간을 확보할 수 있었고, 유튜브 추천 동영상에 올라 다시 더 많은 시청 시간을 확보하는 선순환 구조를 만들 수 있었다. 긴 동영상 덕이기도 했지만 그의 콘텐츠를 기다리고 시청해준 열혈 구독자들이 큰 역할을 하지 않았을까 생각한다.

그의 성공은 단지 게임 플레이로 얻어지지 않았다. 그는 시청자와 직접 소통했다. 퓨디파이와 시청자 사이에는 그 누구도 존재하지 않았다. 영상을 찍고, 콘텐츠를 재미있게 진행하고, 즐거운 마음으로 편집한 영상을 업로드했다. 그리고 팬들과 소통했다. 최고의 자리에 있는 그이지만 지금도 구독자와 소통하고 교감하려 노력한다. 구독자와 친밀한 관계를 유지하고 그들을 콘텐츠에 참여시킨다. 정상에서도 초심을 잃지 않는 퓨디파이의 모습은 본받을 만하다.

이렇게 퓨디파이는 유튜브를 정복하게 되었다. 흔들리지 않고 자신만의 길을 개척했다. 영상 만드는 작업 자체를 좋아하고 과정까지 사랑했으며, 항상 구독자와의 관계를 유지하기 위해 노력했다. 퓨디파이는 앞으로도 유튜브의 살아있는 전설로서, 전 세계 'Bro'들의 유튜버로서 자리를 지킬 것이다. 과거의 그는 자신이 지금처럼 성장할 줄 알았을까? 2분짜리 동영상으로 시작해 결국 자신의 길을 개척한 그는 지금 또 어떤 꿈을 꾸고 있을까?

● 성공적인 채널 운영을 위한 퓨디파이의 10가지 조언 ●

① 좋은 장비에 집착하지 마라. 좋은 영상은 장비가 결정하는 것이 아니다.

② 무언가 다른 것을 하라. 사람들은 그런 것에 끌린다.

③ 당신 자신의 개성으로 시청자 수를 유지하라. 추천 영상 알고리즘보다 당신이 누구인지가 더 중요하다.

④ 남을 따라하지 말고 당신만의 콘텐츠를 하라. 채널 성장에 대한 답은 각자가 다를 수 있다.

⑤ 일과 쉼을 균형 있게 분리하라. 일인 동시에 취미인 유튜브 활동에 온통 시간을 쏟지 말고 휴식시간을 가져라.

⑥ 스스로를 홍보하라. 자신만의 방법으로, 다른 사람을 불쾌하게 하지 않는 홍보법을 찾아라.

⑦ 당신만의 전략을 찾아라. 트레일러_{인트로 부분에서 영상 내용을 압축적으로 예고하는 기법}, 패스트컷_{빈번하게 장면을 전환해 영상에 속도감과 몰입감을 주는 기법}, 몽타주_{명장면 모음과 같은 일종의 짜깁기 기법}, 멋진 섬네일_{미리보기 이미지}, 명확한 제목 등 사람들이 관심 가질 만한 장치들을 고려하라.

⑧ 변화를 추구하라. 늘 똑같은 콘텐츠는 당신도 구독자도 지치게 한다.

⑨ 영상을 계속 만들어라. 만들어야 보여지고, 노출되어야 성장한다.

⑩ 이 모든 것을 즐겨라. 내가 즐기면 사람들도 함께 즐길 수 있고, 사람들이 보지 않는다 해도 내가 즐겼으니 잃을게 없다.

* 출처: 퓨디파이 유튜브 영상 〈How To Get Started On YouTube〉, 〈HOW TO GET BIG ON YOUTUBE〉, 〈DON'T START YOUTUBE BEFORE WATCHING THIS〉

9. 도전에 도전을 더하다
_듀드 퍼펙트

2018년 말, 미국의 경제지 포브스Forbes는 세계 최고의 고소득 유튜버 10명을 발표했다. 이 중 절반이 게임 관련이었다. 그런데 이 중에 눈에 띄는 채널이 있었다. 바로, 게임 채널들 사이에서 당당히 3위를 차지한 'Dude Perfect' 채널이었다. 다양하고 끊임없는 도전으로 스포츠 아티스트 그룹이라 불리는 듀드 퍼펙트의 구성원은 5명이다. 주로 스포츠와 엔터테인먼트가 결합된 형태의 콘텐츠를 선보이는데, '미국판 무한도전'으로 불리기도 한다.

다섯 명의 스포츠맨은 모두 고등학교 농구 선수 출신이며 미국 텍사스의 한 대학교 룸메이트로 만나게 되었다. 이들은 2009년, 다양한 방법으로 농구공을 골대에 넣는 영상으로 큰 화제가 되었다. 그리고 이를 계기로 본격적인 활동을 시작했다. 뛰어난 운동 감각과 창의력을 가진 이들의 도전은 지금까지 계속되고 있다. 2019년 3월 기준으로 채널의 구독자는 4천만 명 수준이다. 이들은 어떻게 세계를 사로잡을 정도로 성공적인 채널을 운영할 수 있었을까?

실패해도 성공할 때까지 도전하기

성공한 크리에이터들은 공통점을 가지고 있다. 확실한 채널 정체성, 끝까지 보도록 만드는 영상의 매력, 꾸준함 등이다. 유튜브 채널 '듀드 퍼펙트'도 예외는 아니다. 이 채널은 각종 공, 기구를 활용하여 다양한 도전을 하는 스포테인먼트를 다룬다(채널 정체성). 다양한 묘기로 눈을 뗄 수 없게 만들며(영상의 매력), 10년간 지속적으로 영상을 업로드하고 있다(꾸준함). 여기에 '도전'이라는 단어를 더하고 싶다. 이들은 도전을 멈추지 않고 기상천외한 트릭샷trick shot을 끊임없이 만들어낸다.

탁구공을 이용한 트릭샷 영상에서는 골프채로 스윙하여 탁구공을 컵에 집어넣기, 회전하는 컵에 공 넣기 등을 보여준다. 볼링 트릭샷 영상에서는 세계에서 가장 긴 거리에서 공을 던져 스트라이크를 하고, 다른 영상에서는 120개의 볼링핀을 단 한 번에 쓰러뜨린다. 듀드 퍼펙트의 도전은 구기 종목에만 머무르지 않는다. 무려 425미터 떨어진 표적을 활로 명중시키기도 한다. 그들은 같은 도전을 반복하지 않는다. 태어날 때부터 도전을 즐기는 유전자를 가지고 있는 느낌이랄까. 사실 그들에게 도전 자체가 콘텐츠이기는 하지만 계속 새로운 도전을 하는 게 쉬운 일은 아닐 것이다. 그럼에도 매번 창의적인 도전을 시청자에게 보여준다.

듀드 퍼펙트의 영상이 신기하고 재미있는 이유 중 하나는, 영상 속 모든 도전에서 성공하는 모습을 보여주기 때문이다. 도저히 불가능해 보이는 것이 성공으로 이어진다. 언뜻 보면 실패를 모르는 그들인 것 같지만 여기에는 비밀이 있다. 그들은 실패하면 성공할 때까지 영상을 찍는다. 실패를 두려워하지 않는 태도, 성공을 위한 정성과 노력이 지금의 그들을 만들었다고 해도 과언이 아니다. 이런 이유 때문인지 영상의 업로드 간격이 길다. 2주에서 3주 간격으로 하나씩 올라온다. 그래도 그들의 콘텐츠에는 확실한 매력이 있다. 한 매체는 듀드 퍼펙트의 영상을 '인터넷에서 가장 센세이셔널한 동영상 중 하나'라고 평가하기도 했다. 도전 의지를 불러일으키는 배경 음악, 도전 성공 후 활기찬 리액션도 이 매력에 한 몫 한다. 직접 눈으로 이들의 진가를 확인하길 바란다.

듀드 퍼펙트 팀은 세계 기네스북 기록도 다량 보유하고 있다. 2016년 〈World Record Edition〉 영상에서는 무려 11개의 세계 기록을 경신하는 모습을 보여주었다. 기네스북 심판도 놀라움을 감추지 못하는 모습은 이 영상을 보는 잔재미이다.

다음 콘텐츠에 대한 기대감 주기

유튜브는 타 플랫폼과 차별화되는 '구독' 시스템을 가지고 있다. 잡지나 신문을 정기구독 하듯이, 우리는 원하는 크리에이터의 콘텐츠를 손쉽게 받아볼 수 있다. 이 시스템을 바탕으로 크리에이터는 구독자에게 지속적으로 콘텐츠를 공급하게 된다. 당신이 업로드한 영상 하나가 큰 화제가 되었다고 하자. 이제 당신은 성공한 유튜버가 된 것인가? 그렇지 않다. 앞선 콘텐츠를 재미있게 보았다면 구독자는 자연스레 다음 콘텐츠를 기대할 것이다. 이어지는 다음 영상이 중요하고, 또 다음 영상이 중요한 이유다. 그렇다면 시청자들은 왜 듀드 퍼펙트의 다음 영상을 기다리는 걸까?

먼저, 그들의 영상 속에는 일상적인 소재가 가득하다. 농구공, 탁구공 등 우리 주변에서 쉽게 볼 수 있는 것으로 콘텐츠를 만든다. 〈Real Life Trick Shots〉 영상에서는 칫솔, 연필, 빗자루 등의 생활용품을 이용한 트릭샷을 보여준다. 이런 일상적인 소재는 시청자에게 친근한 느낌을 주고 '나도 해보고 싶다'는 생각을 불러일으킨다.

또한 이 채널에는 희소성이 있다. 아무나 할 수 없는 도전에 스케일 또한 엄청나다. 160미터 높이의 빌딩에서 농구공을 던지고, 헬기를 이용한 도전을 할 수 있는 사람은 많지 않다. 그들은 전용 세트장과 사전 기획 및 협조를 통해 희소성 있는 콘텐츠를 만들고 있다. 구독자들은 다른 곳에서 볼 수 없는 구경을 하니 신기해서 수많은 사람들에게 공유했고, 채널이 빠르게 성장하는 원동력이 되었다.

유튜브 채널을 운영할 때 '희소성'과 '대중성' 사이에서 많은 고민을 해야 한다. 채널의 주제는 희귀한 것이 좋을까, 아니면 대중적인 것이 좋을까? 정답은 없다. 희소성에 집중한 채널은 충성도 높은 소수의 구독자를 늘리기에 좋을 것이다. 대중성에 집중한 채널은 구독자 얻기가 비교적 쉽지만, 유사 채널과의 경쟁에서 살아남아야 한다. 가장 이상적인 모습은 희소성, 대중성을 모두 충족하는 것이다.

사람들이 다음에 이어질 콘텐츠를 기다리도록 만들어라. 소수의 충성도 높은 구독자도 좋고 다수의 대중이어도 좋다. 당신의 영상을 기다리는 누군가가 있다는 데서 유튜브의 성공은 시작된다.

공유하고 따라하고 싶은 영상

유튜브가 2018년을 강타한 상위 10개의 영상을 분석한 결과를 발표했다. 이 영상들의 공통점은 엄청난 조회 수와 함께 보는 이의 참여를 자극하는 '파급력'을 지니고 있었다.

듀드 퍼펙트는 처음부터 유명인이 아니었다. 하지만 그들의 매력적인 영상은 곧 시청자의 공유와 참여를 이끌었다. 영상을 재미있게 시청한 사람들은 주변 가족, 친구들에게 영상을 공유했다. 그리고 패러디 영상이 생겨났다. 시청자들의 공유와 참여 횟수가 늘어나니 자연스레 채널의 구독자가 가파르게 증가했다. 콘텐츠는 그들을 유명하게 만들었고, 그들의 유명세는 다시 콘텐츠를 시청하도록 시청자를 이끌고 있다.

유튜버를 꿈꿀 때 즉각적인 유명세를 기대하면 안 된다. 듀드 퍼펙트의 성공 사례를 참고하여 일단은 콘텐츠에 집중해야 한다. 공유할 만한 충분한 가치를 지닌 양질의 콘텐츠를 만드는 작업이 먼저다. 이를 통해 채널의 구독자를 조금씩 늘려가는 노력을 기울여야 한다.

　누구나 공유하고 따라하고 싶어 하는 '좋은 영상'을 만들어보자. '좋은 영상'은 보는 사람의 눈길을 끄는 영상, 주변 사람들에게도 보여주고 싶은 영상이다. 또한 창작자가 자부심을 가지고 있는 영상이다. 간혹 초보 크리에이터가 스스로도 보고 싶지 않은 영상을 올리며, 왜 채널이 성장하지 않는지 궁금해 하는 경우가 있다. 생각해보면 창작자도 흥미를 못 느끼는 영상을 타인이 재미있게 시청할리는 만무하다. 어쩌면 좋은 영상에 대한 답은 이미 당신 안에 있는 지도 모른다.

　유튜브를 시작한 뒤로 그들은 바쁜 시간을 보내고 있다. 채널 운영을 통한 광고 수익 외에 오레오Oreo, 프링글스Pringles 제조사와 협업하여 콘텐츠를 제작했다. 또한 팀 이름 '듀드 퍼펙트'를 독자적인 브랜드로 만들어 관련 상품을 판매하고 있다. 동명의 모바일 게임이 출시되었고 TV 프로그램에도 출연 중이다. 미국판 무한도전이라는 별명에 걸맞게 듀드 퍼펙트의 도전은 끝날 기미가 보이지 않는다. 그들은 지금도, 도전에 도전을 더하고 있다.

10. 유튜버들의 스타 유튜버
_케이시 네이스탯

2016년 에미레이트 항공Emirates Airlines은 56억 원을 들여 할리우드 스타 제니퍼 애니스톤Jennifer Aniston을 섭외했다. 유명 여배우가 항공기의 내부를 둘러보고 여행을 하는 이 광고는 나름 성공적이었다는 평가를 받았다. 그리고 당시 유튜브에서 600만 회의 조회 수를 얻었다.

이 항공사는 같은 해에 또 다른 광고 모델을 섭외했다. 유튜브 크리에이터였고, 모델비 대신 2천만 원 가량의 퍼스트 클래스 탑승권을 지급했다. 이 크리에이터는 항공기에서 기내식을 먹고, 잠을 자고, 샤워하는 모습을 유튜브 영상으로 올렸다. 그리고 2천만 회를 훌쩍 넘는 조회 수를 기록했다. 2019년 현재까지 이 영상은 6천만 번 이상 시청되었다. 56억을 들인 연예인보다, 무료 항공권만 지급한 유튜버로부터 몇 배 큰 광고 효과를 얻은 것이다. 이 유튜버가 바로 케이시 네이스탯Casey Neistat 이다.

현재 유튜브에서 'Casey Neistat' 채널을 운영하고 있는 그는 미국의 영상 제작자이자 기업가이며, 많은 유튜버들이 닮고 싶어하는 '유튜버들의 유튜버'이다.

그는 고등학교를 중퇴했고 영상에 대해 체계적으로 교육을 받지도 못했다. 그런데 지금은 천만 명이 넘는 유튜브 구독자를 보유한, 인플루언서 마케팅의 거물이라 불리고 있다. 그는 어떻게 자신의 환경을 극복하고 성공한 삶을 살고 있는 것일까? 다음은 오직 자신의 힘으로 인생을 역전한 그의 이야기이다.

질서를 뛰어넘으면 불가능은 없다

케이시 네이스탯은 미국의 작은 마을에서 태어났다. 그의 10대는 평범하지 않았다. 학교에서도 집에서도 환영받지 못했기 때문이다. 18살에 한 아이의 아빠가 되어 거처도 없이 이곳저곳을 떠돌았다.

학력도 기술도 없었지만 20대가 된 그는 뉴욕에서 자신의 꿈을 키우기 시작했다. 그 꿈은 영상 제작자가 되는 것이었다. 당시 영상은 고학력자들의 전유물로 그는 정식으로 영상을 배울 수도 없었다. 하지만 그는 독학으로 영상을 공부했다. 다른 곳에 신경을 쓰지 않고, 오직 영상에만 전념했다. 잠도 줄여가면서 영상을 제작하고 꾸준히 공부했다. 그렇게 한 가지에 전념하기로 결심하고 몇 년이 지난 2003년, 그는

〈iPod's Dirty Secret〉이라는 영상으로 유명세를 타게 된다. 그간 노력의 결실이자, 그가 처음으로 세계적인 주목을 받게 된 계기였다. 이후 다양한 영상 작업을 했다.

유튜브를 시작해야겠다고 결심한 후에는 자기 일상을 올리는 브이로그$_{V-log}$를 통해 1년 만에 구독자 200만 명을 모았다. 그는 더는 영상을 만들지 못하겠다는 변명을 없애기 위해, 매일같이 영상을 올리는 브이로그를 선택했다.

브이로그는 비디오$_{Vedio}$와 블로그$_{Blog}$를 합친 말로, 자신의 일상을 영상으로 표현한 콘텐츠이다. 콘텐츠를 소비하는 시청자 입장에서 타인의 일상을 엿보는 것 같은 재미가 있다. 콘텐츠 제작자인 크리에이터 입장에서는 일상을 담는다는 면에서 기획이 수월한 면이 있다. 반면 유명인이나 연예인이 아닌 이상 브이로그로 시청자들의 관심을 사기 힘들다는 한계점도 있다.

케이시 네이스탯은 영상을 통해 자신의 일상, 개인사, 성공에 대한 조언 등을 이어나간다. 그의 신변잡기에 가까운 이야기들이 많지만, 업로드만 되면 기본으로 100만 조회 수를 기록한다. 이미 인플루언서이니만큼 많은 사람들이 그의 일상에 관심을 가지는 것이다. 물론 그의 일상은 특별하다. 기존의 질서와 규칙을 과감히 뛰어넘는 비범한 그의 모습은 보는 이에게 통쾌함을 준다. 애플의 잘못된 서비스 제도를 지적할 때도 그랬고, 뉴욕의 치안 문제를 조롱하는 영상을 만들 때도 그랬다.

특히 그는 삶과 성공에 대한 조언을 엄청나게 쏟아내는 것으로도 유명하다. 그의 현실적이고 거침없는 조언은 시청자들의 마음을 움직인다. 그래서 많은 사람들은 그의 영상을 통해 가슴의 설레는 감동과 당장 뭐라도 하고 싶은 충동을 느낀다. 대표적으로 그의 채널에 있는 〈DO WHAT YOU CAN'T〉 영상은 유튜브 크리에이터를 꿈꾸는 사람들에게 엄청난 감동과 영감을 선사한다. 그는 기존 규칙에 따르지 말고, 불가능에 대한 조언은 듣지 말라고 이야기한다. 할 수 있는 것과 할 수 없는 것을 구분 지을 필요는 없다고, 당신은 할 수 있다고 말이다.

> "크리에이터에게 필요한 것은 스마트폰, 인터넷 연결, 좋은 아이디어뿐입니다."

당신이 할 수 없는 것을 하라! 불가능에 도전하라는 그의 조언이다. 시작, 도전, 행동에 대한 동기부여가 필요한 사람에게 위의 영상을 강력 추천하고 싶다.

시작만 하고 마무리를 짓지 못하는 사람들에게 도움이 되는 영상도 있다. 그의 다른 영상 〈Loser and Closer〉에서는 두 사람을 비교한다. 시작만 하고 끝내지 않는 사람과 시작하면 반드시 끝내는 사람이다. 이어서 그는 철학자 볼테르의 말을 인용하며 '완벽함은 좋은 것의 적'이며, 완벽하지 않더라도 다음으로 넘어가야 완벽에 가까워질 수 있다고 말한다. 시작했으면 마무리를 짓되, 완벽의 함정에 빠지지 말라는 것이다. 유튜브를 떠나 인생 조언이 아닐 수 없다. 시작만 하고 완벽주의 때문에 더 나아가지 못하는 누군가를 위해 케이시 네이스탯의 사례와 더불어 아래의 조언을 덧붙인다.

> 잘못된 완벽주의는 탁월해지려 애쓰는 것과는 다릅니다.
> 계획만 자꾸 세우고 다듬는 건 이제 그만하고, '행동'을 시작해야 합니다.
> 완벽에의 강박과 이별하고 '만들기'를 시작해야 합니다.
> 그러기 위해 '불완전에 대한 두려움'과 헤어져야 합니다.
>
> – 예병일, 『책 읽어주는 남자, 10년의 노트』

한 번 보면 멈출 수 없게 만들기

케이시 네이스탯의 영상은 내용 면에서나 기법 면에서 사람을 끌어당기는 매력이 있다. 일단 영상의 내용은 위에서 살펴본 바와 같이 그의 일상이 주를 이룬다. 남들과 다른 일상과 그가 살아온 배경은 대중에게 더욱 특별하게 다가간다. 영상의 기법을 살펴보면, 그의 영상은 한 번 보면 멈출 수 없게 만드는 힘이 있다. 장면의 전환이 매우 빨라 속도감을 느낄 수 있다. 여기에 적절한 음악을 넣어 리듬감까지 더한다. 이런 기법 안에서 그는 뉴욕의 치안과 도로 문제를 풍자하며 사회에 문제를 제기하는 것부터 폭설이 내린 뉴욕 도심에서 스노보드를 타는 영상까지 다양한 스펙트럼을 넘나든다.

처음 그의 영상을 시청하면 시간 가는 줄 모르고 영상을 보기 때문에, 편집의 의도와 노력을 파악하기 힘들다. 그러나 하나씩 뜯어보며 시청하면 배경음악의 템포와 리듬에 맞추어 장면이 전환되는 것을 확인할 수 있다. 결과적으로 화면 전환의 속도, 음악의 리듬이 어우러져 시청자에게 엄청난 몰입감을 제공한다. 그는 자신의 일상을 하나의 작품으로 만들고 있다. 누구라도 5분짜리 영상을 보고 나면 영화 한 편을 감상한 듯한 느낌을 받게 된다. 편집을 통해 시청자의 눈을 뗄 수 없게 만드는 것이다.

그렇다면 유튜브에서 눈을 뗄 수 없게 만드는 것이 왜 중요할까? 시청자가 영상에 몰입하면 지속해서 영상을 시청하게 된다. 보다가 중간에 나가지 않는다는 말이다. 당연히 그 영상은 많은 시청 시간을 확보하게 된다. 앞서 말했듯 시청 시간이 누적된 콘텐츠는 유튜브의 알고리즘이 좋은 동영상으로 분류하여 다른 사람의 화면에 지속적으로 노출시킨다. 유튜브가 알아서 홍보를 해주는 셈이다.

결국엔 '좋은 콘텐츠'로 승부해야 한다. 시청자가 한 번 보면 멈출 수 없는 '꿀잼 영상' 또는 '고급 정보를 전해주는 영상', '공유할 만한 가치가 있는 영상'을 만들어야 한다. 너무나 당연한 이야기 같지만, 유튜브에서 성장 속도가 빠른 인기 채널들의 공통점은 정말 좋은 콘텐츠를 끊임없이 제공한다는 것이다.

지나친 인플루언서 마케팅으로 인해 동영상 시장의 산업화, 콘텐츠의 신뢰도 저하 등 비판의 목소리가 조금씩 나오고 있다. 하지만 케이시 네이스탯은 개인의 이익을 넘어 유튜브를 통해 사회에 참여하고 개인들에게 동기를 부여하고 있다. 그리고 여전히 많은 사람들이 여기에 주목하고 있다. 이 시대의 진정한 인플루언서의 본보기는 그가 아닐까 생각한다. 구글Google, 나이키Nike, 벤츠Benz, 삼성Samsung과 같은 세계적인 기업들도 투자자를 자처하며 그의 영향력에 기꺼이 값을 치른다.

그가 대중들에게 더욱 영향력을 발휘하는 건 그가 실천하는 삶을 살고 있기 때문이다. 지금까지 끝모르는 도전을 통해 스스로 모든 것을 일구어냈다. 매일 운동하고 잠도 줄여가며 지금도 실천하고 있다. 그는 앞으로도 도전과 혁신의 아이콘으로 많은 사람들을 움직이게 만들 것이다.

11. 장난감 리뷰하다 백만장자가 된 꼬마
_라이언

2018년 말, 세계의 관심을 한 몸에 받은 어린이가 있다. 포브스_{Forbes} 선정 세계에서 가장 수익이 높은 유튜버에 오른 라이언_{Ryan}이다. 그는 8살의 나이에 240억 원의 수익을 올리며 어른들을 제치고 당당히 세계 최고의 자리에 올랐다. 현재 라이언과 그의 가족이 운영하고 있는 유튜브 채널 'Ryan ToysReview'의 구독자는 1,800만 명, 누적 조회 수는 270억 회(2019년 3월 기준)에 이른다.

일 년간 유튜브 채널을 운영하며 240억을 벌다니, 놀라지 않을 수 없다. 이중에서 광고 수익이 230억, 협찬 등의 부가 수익이 10억으로 추산되었다. 채널의 수익 대부분이 동영상 삽입 광고를 통해 발생한 것이다. 크리에이터는 광고 시청 시간이 길수록 많은 보상을 받는다. 따라서 200억대의 수익은 라이언 채널의 엄청난 조회 수와 시청 시간의 반증이기도 하다. 누군가 엄청나게 영상을 보고 또 봤다는 것이다.

라이언의 채널은 어떻게 높은 조회 수와 시청 시간을 기록할 수 있었을까? 여기에는 어떤 비밀이 숨어 있을까? 이야기의 시작은 2015년으로 거슬러 올라간다.

대리만족감을 선물하다

라이언은 평소처럼 유튜브의 영상을 보며 즐거운 시간을 보내고 있었다. 5살의 꼬마 라이언은 주로 또래 친구들이 등장하는 장난감 리뷰 채널의 영상을 시청했다. 영상을 다 보고나서 엄마에게 물었다.

"엄마, 다른 애들은 다 있는데 왜 나만 유튜브에 없는 거야?"[*]

이때부터 라이언은 유튜브에 영상을 올리기 시작했다. 첫 영상은 대형 마트에서 레고를 사는 장면부터 시작한다. 엄마와 이야기하며 장난감을 뜯고, 조립하는 장면이 이어진다. 화려한 특수효과나 자막 없이 시간 순으로 엮은 특별할 것 없는 영상이었다. 브이로그와 언박싱Unboxing 콘텐츠가 결합된 모습이었다.

라이언의 다른 영상도 마찬가지이다. 채널에 올라오는 영상은 장난감을 개봉해서 놀거나, 색점토로 소꿉놀이를 하거나, 부모와 보드게임을 하는 식이다. 어느 가정에서나 있을 법한 놀이 모습을 보여준다. 평

---

[*] Wikipedia, 'Ryan ToysReview', https://en.wikipedia.org/wiki/Ryan_ToysReview

범하기 그지없고 영상미가 있는 것도 아니지만, 이런 영상들을 매일 업로드해 한 달에 10억 회 이상의 조회 수를 얻고 있다.

라이언 채널의 대박 행진에는 대리만족이라는 비밀이 숨어있다. 대리만족이란 원래의 목표와 다른 방법, 대상을 통해 욕구를 채우는 행동이다. 처음 목표와 대체물이 유사할수록 만족도가 커지는데, 영상이라는 매체는 그 어떤 매체보다 생생한 간접 경험을 제공한다.

전문가들은 인터넷에서 확산되고 있는 대리만족 문화를 라이언의 성공 배경으로 꼽는다. 콘텐츠의 특성상 라이언 가족은 장난감을 많이 구매하고 협찬도 받는다. 매일 새로운 장난감이 등장하다시피 한다. 평범한 가정의 어린이들은 이렇게 다양한 장난감을 접할 수 없기 때문에 라이언의 영상이 그들에게 대리만족을 준다는 것이다. 정신분석학 이론을 빌리자면, 꼬마 구독자들은 자신과 라이언을 동일시同一視함으로써 이루지 못한 욕망을 대리만족한다.

국내 유명 크리에이터들의 주요 콘텐츠도 대리만족의 관점에서 해석 가능하다. 허팝의 거대한 실험, 밴쯔의 위대한 먹방이 사랑받는 까닭의 깊은 곳에는 시청자의 실현되지 못한 욕구가 있다. 하지만 라이언이 대리만족에 대한 이론적 근거를 가지고 채널을 시작했을 리 없다. 그보다 라이언은 그냥 영상으로 자신을 보여주고 싶었고, 이를 정말 즐겼다. 자신이 좋아하는 일을 그저 즐겁게 했을 뿐이다.

대리만족 콘텐츠를 기획하는 크리에이터라면 반드시 고민해야 할 것이 있다. 기획 내용을 자신이 진정으로 즐길 수 있는가에 대한 것이다.

정말 즐겁고 행복한 모습으로 영상을 전달해야 한다. 시청자를 대신해서 열심히 즐겨야 한다. 만약 콘텐츠 때문에 어쩔 수 없이 대리만족 기획을 한다면, 시청자는 금방 그 의도를 의심할 것이다.

라이언의 또 다른 비결은 아이의 시선으로 접근하여 또래의 공감을 이끌어낸 것이다. 또래 친구들의 공감은, 라이언을 그들의 친구이자 스타로 만들어주었다. 라이언은 이제 그들에게 낯선 사람이 아니다. 실제로 만난 적은 없지만, 라이언은 이미 그들의 친구이다.

탄탄하게 준비하고 기다리기

채널을 개설하고 약 5개월이 지나 라이언 채널에 한 영상이 올라왔다. 미국의 애니메이션 '카Cars'에 등장하는 캐릭터 장난감을 소개하는 영상이었다. 이 영상에서 라이언은 둥글고 큰 상자에서 100여 종의 장난감을 꺼내 소개하고 놀이를 한다. 궁금증을 일으키는 커다란 상자에서 끊임없이 장난감을 꺼내는 모습은 어린이 시청자들의 시선을 사로잡았다.

물론 이 영상은 그 자체로도 훌륭했다. 어린이의 눈높이에 맞춘 기획, 인기 애니메이션 캐릭터의 활용, 장난감의 크기와 물량 공세, 라이언의 자연스런 모습까지⋯. 덕분에 해당 콘텐츠는 꾸준히 인기를 얻고 있으며, 현재까지 10억 번 가까이 조회되었다.

이번 장에서는 하나의 영상에서 더 나아가, 이 영상이 채널 성장에 어떤 영향을 주었는지에 대해 이야기하려 한다. 위에서 소개한 장난감 영상은 기존의 콘텐츠보다 더 많은 시청자들을 불러왔고, 이를 계기로 라이언의 채널은 폭발적으로 성장했다. 성공하는 유튜브 크리에이터들은 대부분 폭발하는 시점이 있다. 구독자가 꾸준히 증가하다가 한꺼번에 구독자가 급증하는 시점이다. 한두 개의 훌륭한 콘텐츠가 계기가 되기도 하고, 특정한 이슈가 이를 만들기도 한다.

영국의 다니엘 미들턴Daniel Middleton은 2012년에 처음으로 유튜브 채널 'DanTDM'를 개설했고, 어린 시청자를 대상으로 꾸준하게 게임 콘텐츠를 만들어 채널에 올렸다. 그러다 연봉 180억 원으로 2017년 포브스 선정 고수익 크리에이터 세계 1위에 이름을 올렸다. 흥미로운 점은 그가 이전까지 한 번도 포브스 순위에 이름을 올리지 못했다는 것이다. 구독자의 급증, 채널의 급격한 성장으로 가능한 일이었다.

유튜브에서 기다리면 반드시 때가 온다. 그 시점이나 계기는 채널마다 다르다. 하지만 대중들이 좋은 콘텐츠를 그냥 내버려두지 않는다는 것만큼은 확실하다. 좋은 콘텐츠는 반드시 시청되고, 공유되고, 재생산된다. 중요한 것은 무작정 기다리는 것이 아니다. 철저하게 준비된 채널, 탄탄한 콘텐츠를 가지고 때를 기다려야 한다. 자신을 믿고, 양질의 영상을 꾸준하게 만들어라. 좋은 콘텐츠를 연구하고, 벤치마킹하고, 문제점이 있지 않은지 객관적으로 돌아보라.

기회가 왔을 때 잡을 수 있는 것은 잘 준비된 채널이다. 기회가 왔을 때 '이 채널에는 이렇게 좋은 콘텐츠가 가득해요'라고 어필해야 한다. 그들의 발길을 잡아 나의 구독자로 만들어야 한다.

제목과 섬네일이 시선을 사로잡는다

유튜브 채널의 효과적인 성장, 빠른 성장을 위해 놓치지 말아야 할 것이 있다. 바로 영상의 제목과 섬네일Thumbnail에 대한 부분이다. 채널의 정체성, 동영상의 유익함이 확보되었다면 이런 요소들을 통해 시청자의 시선을 사로잡는 노력이 필요하다. 라이언의 채널도 이 점을 효과적으로 활용하고 있다. 영상의 제목에 'HUGE', 'GIANT', 'SURPRISE'와 같은 단어를 넣어 시청자의 시선을 끌고 있다. 섬네일 역시 라이언의 표정과 소재가 되는 장난감이 부각되도록 하고 있으며, 다양한 색채를 통해 눈에 띄는 이미지를 노출한다.

참고로 별도로 섬네일을 제작하지 않으면, 동영상의 한 장면이 무작위로 미리보기 이미지에 들어간다. 무작위 이미지와 시청자의 시선을 사로잡기 위해 만든 섬네일은 큰 차이를 보인다. 특히 요즘은 시청자 대부분이 섬네일을 보고 클릭할지 말지 결정하기 때문에, 영상의 조회수를 섬네일이 좌우한다고 해도 과언이 아니다. 그러므로 제목과 섬네일을 통해 시청자의 눈길을 끄는 것은 정말 중요하다. 콘텐츠를 돋보이게 해줄 좋은 홍보 수단인 것이다. 물론 그 바탕에는 좋은 콘텐츠가 있어야 하며, 그 콘텐츠는 제목 및 섬네일의 내용과 부합해야 한다.

영상을 찍어주던 라이언의 어머니는 채널 운영에 전념하기 위해 교사라는 직업도 포기했다고 한다. 부모의 적극적인 지원에 힘입어 라이언의 채널은 무럭무럭 성장하고 있다. 최근에는 월마트에 라이언의 이름으로 된 장난감과 의류를 납품한다고 한다. 유튜브 광고 외의 사업으로 2019년도에는 240억 이상의 수익을 기대하고 있다.

라이언의 유튜브 채널은 2015년에 첫 영상을 올리고 3년 만에 세계 최고가 되었다. 정말 빠르게 성장했고, 금방 빛을 본 사례이다. 한 꼬마의 겁 없는 시작이 이런 결과를 가져올 줄 누가 알았을까? 더 이상 망설이지 말라고, 시작하지 않으면 아무것도 못 한다는 라이언의 작은 속삭임이 들려오는 것 같다.

▶ 12. 별것 아니었던 그들이 별이 되기까지
_유튜브로 꿈을 이룬 사람들

그리스 신화 속 프로메테우스는 인간에게 불을 가져다주었다. 불은 발전된 문명을 이룰 수 있는 힘이 되었다. 프로메테우스가 불을 주었다면, 유튜브는 우리에게 '자유'를 선사했다. 누구나 마음껏 영상을 올리고 공유할 수 있는 자유를 말이다. 이 자유를 통해 세계는 새로운 문화로 나아가고 있다.

유튜브가 등장하고 개인의 영상을 전세계 사람들과 자유롭게 공유하는 시대가 열렸다. 중요한 것은 단지 영상 공유에서 끝나지 않는다는 것이다. '영상을 공유할 수 있는 자유'는 유튜브를 누구나 자신의 이야기를 할 수 있는 공간으로 만들어주었다.

자신의 꿈을 의심하지 않기

2010년 미국의 한 오디션 프로그램, 바이올린을 든 작은 여성이 무대를 오른다. 바이올린 연주자치고 복장이 독특하다는 생각을 하는 순간, 그녀가 연주와 동시에 춤을 추기 시작한다. 빠른 비트의 바이올린 연주와 현란한 그녀만의 춤동작은 그 어디에서도 보지 못했던 형태의 공연이었다. 이는 공개 오디션 프로그램 아메리카 갓 탤런트America's Got Talent 무대의 한 장면이다. 무대의 주인공은 미국의 바이올리니스트, 퍼포먼스 아티스트 겸 작곡가 린지 스털링Lindsey Stirling이다. 그녀는 춤추며 바이올린을 연주하는 것으로 유명하다. 2012년부터 꾸준하게 자신의 앨범을 내고 있는 세계적인 음악가이며, 세계 순회공연을 하고, 수많은 예술가와 다양한 작업을 하는 세계적인 스타이다.

그녀도 처음부터 성공 가도를 달린 것은 아니었다. 어려서 배운 바이올린 연주에 그녀가 좋아하는 춤을 더하면 어떨까 하는 아이디어를 떠올리고, 이곳저곳을 돌아다니며 자신의 모습이 담긴 영상과 지원서를 내밀었다. 그녀가 할 수 있는 모든 노력을 다했다. 하지만 춤추는 바이올린 연주자를 반기는 곳은 어디에도 없었다. 그녀에게 돌아오는 것은 거절뿐이었다. 그녀의 음악은 시장성이 없다고 했다.

그때 생각한 것이 아메리카 갓 탤런트였다. 자신을 많은 사람들에게 알릴 수 있는 기회라고 생각했기 때문이다. 하지만 여기에서도 심사위원들에게 공개적인 혹평을 들어야 했다. 바이올린 연주자로서 실력이 부족하며 움직임이 연주를 방해하고, 혼자서는 무대를 채우기 어렵다는 이야기를 들었다. 그녀는 엄청난 충격으로 한동안 자신의 길을 의심했다.

실패와 혹평은 그녀에게 수치심을 주었다. 하지만 그녀가 할 수 있는 일은 스스로 선택한 길이 틀리지 않았다고 믿는 것뿐이었다. 끝까지 자신만의 스타일을 고수하기로 결심했고, 인터넷 공간에 자신을 알리기 시작했다. 하루는 그녀의 무대를 지켜본 영상 제작자가 유튜브 영상 제작을 제안했다. 그렇게 그녀의 연주와 퍼포먼스가 담긴 영상 〈Spontaneous Me〉가 유튜브에 공개되었다. 이 영상은 하루에 100만 조회 수 이상 기록하며 린지 스털링을 유튜브 스타로 만들어 주었다.

그녀는 자신의 꿈을 끝까지 간직했고, 결국 꿈을 이루었다. 좌절도 실패도 있었지만 꿈을 믿고, 자신을 믿었다. 그리고 성공한 유튜브 크리에이터로 우뚝 섰다. 그녀는 한 인터뷰에서 자신을 이렇게 돌아보고 있다.

"(어린시절의) 그 작은 여자아이는 커다란 꿈을 간직해 왔으며 지금도 계속 그 꿈을 꿉니다. 저는 유튜브를 통해 전 세계에서 수많은 팬을 얻었습니다. 저는 현재 세계를 누비는 음악가이며 제 꿈을 실현하고 있습니다."

그녀의 성공에 유튜브는 좋은 길잡이가 되어 주었다. 하지만 우리는 유튜브 이전에 그녀의 '간절한 꿈'이 있었다는 사실을 알아야 한다. 그녀가 힘든 시간을 버틸 수 있었던 건 오직 꿈 때문이었다.

소수자도 목소리를 낼 수 있다

유튜브는 남녀노소, 국적불문 누구나 시작할 수 있다. 동성애자와 이성애자, 장애인과 비장애인을 가리지도 않는다. 과거에는 성소수자 또는 장애를 가진 사람들이 세상의 전면에 나서기 어려웠다. 모두가 이 사회의 동등한 구성원이지만, 이들을 받아들이기에 사회적 제도와 인식이 모두가 부족했다. 하지만 이제 그들은 좌절하고 숨지 않는다. 당당하게 자신의 목소리를 내고, 자신의 일상을 공유한다. 자신만의 이야기로 세상과 소통한다.

유튜버이자 성소수자 인권 운동가, 타일러 오클리

타일러 오클리Tyler Oakley는 미국의 유명 유튜브 크리에이터이자 LGBT성소수자 운동가이다. 그는 다양한 활동으로 할리우드 배우 못지않은 인기를 자랑한다. 성소수자는 물론 미국 10대들에게 인기가 많다. 그는 14살에 자신이 동성애자임을 주위에 알렸다. 그리고 자신의 채널에도 이를 공개했다. 그의 콘텐츠는 일상, 고민 상담, 인터뷰, 다른 크리에이터와의 협업 등을 다룬다. 솔직함, 당당하고 열정적인 태도가 그의 인기 비결이다.

2007년, 대학교 기숙사에서 처음 영상을 올리며 유튜브 활동을 시작했다. 친구들에게 대학교 생활을 자세하게 보여주고 싶어서였다. 이후 유튜브 활동을 하는 다른 크리에이터들과 함께 공부하고 작업하며 채널을 운영했다. 취업 후에 직장과 유튜브 활동을 병행하기도 했다. 하지만 유튜브에 모든 시간을 쏟으면 성공할 수 있을 것 같다는 생각에 본격적으로 전업으로 전향했다.

그러던 어느 날, 한 시청자에게 연락을 받았다. 죽고 싶을 때마다 그의 비디오를 본다는 메시지는 그에게 유튜버의 '사회적 책임'에 대해 돌아보게 했다. 그는 소수자들의 존재와 가치에 대해 목소리를 내야겠다는 생각을 하게 되었다. 로버트 킨슬이 쓴 책 내용 중에 타일러 오클리가 한 인터뷰에서 소수자의 정체성을 표현하는 소셜 미디어의 역할에 대해 논하는 장면이 있다.

> "그동안 미디어는 자신의 권리를 박탈당한 사람들이 목소리를 낼 수 있는 곳이 아니었어요. 그러나 이제는 다양한 플랫폼을 통해 약자들이 자신을 변호할 수 있어요. 시청자들도 누구의 이야기를 들을지 직접 선택할 수 있는 권리를 갖게 됐죠."
>
> — 로버트 킨슬·마니 페이반, 『유튜브 레볼루션』

이외에도 타일러 오클리는 청소년 성소수자들의 자살 방지를 위한 프로그램을 지원하고 여러 프로젝트에 참여하며 그들의 목소리를 대변

해주고 있다. 이는 사회적 변화의 도구로 유튜브를 활용하는 긍정적인 사례이며, 앞으로 다가올 미디어의 미래이다.

들리지 않아도 희망을 전할 수 있다, 하개월

유튜브 채널 '하개월'은 농인이 직접 운영하는 채널이다. 채널의 운영자는 채널명과 동일한 하개월(김하정)이라는 예명을 사용하여 유튜브 활동을 하고 있다. 2018년 초에 개설한 채널이지만 특색 있는 콘텐츠와 밝은 그녀의 모습으로 벌써 구독자 수가 1만 명을 바라보고 있다.

그녀의 채널은 농인으로서 경험한 사회의 편견, 그녀의 평범한 일상 등을 다룬다. 때때로 수어를 가르쳐주기도 한다. 그녀는 농인에 대한 청인의 편견을 없애고자 유튜브를 시작했다고 한다. 직장 생활을 하고 있어, 퇴근 후에 촬영과 편집을 하며 주 1회 영상을 업로드한다.

"세상에 표현하고 싶은 의견이 있으신 분들 모두가 자신의 채널을 만들어서, 자신만의 유튜브를 운영하시기를 진심으로 기원합니다. 멀게만 느껴지던 세상이 여러분 바로 눈앞에 다가와 있을 거예요."[*]

유튜브 채널 '하개월'은 다른 미디어에서 접할 수 없는 솔직한 콘텐

---

[*] 채지민, "자신을 드러내세요. 세상이 다가옵니다", 함께걸음, 2018.10.10, http://www.cowalknews.co.kr/news/articleView.html?idxno=16290

츠로 구독자들에게 많은 깨달음과 공감을 주고 있다. 직장이나 학교에서 형식적으로 이뤄지는 장애 인식 개선 교육보다 더 현실적인 조언이 가득하다. 앞으로도 이 채널이 장애인에 대한 사회의 편견을 부수고, 장애인과 비장애인이 서로 이해의 폭을 넓혀 가는데 도움이 되었으면 하는 바람이다.

나만의 일상이 콘텐츠가 된다

유튜브가 우리 삶 속으로 깊숙하게 들어올 수 있었던 이유는 '오픈 플랫폼' 방식을 채택했기 때문이다. 여기서 오픈 플랫폼이란 개방된 인터넷 공간에서 자유롭게 자신만의 콘텐츠를 제공할 수 있는 서비스를 뜻한다. 쉽게 말해 누구나 참여 가능한 가상 공간이다.

사실 유튜브 자체는 콘텐츠가 아니다. 여러 사람들이 쉽고 편하게 자신의 콘텐츠를 올리고 공유할 수 있도록 '징검다리' 역할을 해주고 있다. 그리고 시청자가 선호하는 콘텐츠를 쉽게 찾을 수 있도록 알고리즘을 통해 '큐레이션' 역할도 한다.

유튜브가 출현하면서 글과 사진에 한정되어 있던 오픈 플랫폼의 영역을 동영상까지 확대했다. 그것도 무료로 말이다. 여기에 콘텐츠 제공자(유튜브 크리에이터)들의 수익모델까지 더해져, 유튜브는 말 그대로 빅뱅을 맞이하고 있다. 2019년 1월, 네이버 TV도 누구든지 창작자로 활동할 수 있는 오픈 플랫폼으로의 변신을 예고했다. 이런 유튜브의 개방성을 활용하면 누구나 자신만의 이야기를 만들어나갈 수 있다. 유튜브의 표어는 'Broadcast Yourself'이다. 스스로를 방송하고, 공유하고, 세상과 소통하라는 것이다. 유튜브는 이제 당신을 위한 공간이다.

원시기술 유튜버, 프리미티브 테크놀로지

원시기술과 유튜브. 전혀 어울릴 것 같지 않은 두 낱말이지만, 이 두 가지를 활용하여 창의적인 콘텐츠를 만드는 크리에이터가 있다. 영상에 한 남자가 등장하여 우거진 숲을 배경으로 무언가를 만들기 시작한다. 자연에서 얻은 나무와 예리하게 다듬은 돌을 이용해 돌도끼를 만든다. 직접 만든 도끼로 나무를 베고 진흙으로 점토 타일을 만들어 오두막을 짓는다. 나무끼리의 마찰열을 이용하여 불을 피우는 것은 그에게 일도 아니다. 이쯤 되면 진짜 원시인이 아닌지 궁금해진다.

처음 그의 영상을 보면 다소 문화적 충격을 받을 수 있다. 문명을 거부한 것 같은 도구의 '원시성'은 시청하는 현대인에게 놀라움으로 다가온다. 그는 입고 있는 바지와 카메라를 제외하고, 모든 재료를 자연에서 얻는다. 도끼도 끈도 모두 자연물을 이용해 만든다.

유튜브 채널 '프리미티브 테크놀로지Primitive Technology'을 운영하는 존 플랜트John Plant는 선사시대의 기술로 생활하는 모습을 보여주는 유튜버이다. 그는 현대 문명으로부터 벗어나 원시적인 방법으로 얼마큼 영위할 수 있는지 보여주기 위해 영상을 제작했다.

그는 호주 퀸즐랜드 북부에 살고 있으니 실제로 숲에 거주하고 있는 건 아니다. 원래는 생업은 따로 있고 취미 활동으로 영상을 만들었는데, 현재는 광고 수입과 후원이 있어 채널 운영에 전념하고 있다.

말소리 없이 오로지 물소리, 새소리, 돌이나 나무를 두드리는 소리만 들리는 것이 특징이다. 모든 재료는 자연에서 얻는다. 심지어 자연에서 얻은 원료를 제련하여 철을 얻기도 한다. 영상에 등장하는 기술은 책이나 본인의 시행착오를 통해 배운 것이라고 한다. 이런저런 기술을 적용해보고 조금씩 수정해가면서 그의 실력도 늘어나고 있다. 최근에는 이 채널의 인기에 편승한 유사 채널도 많이 생겼다.

이 채널이야 말로 자신의 이야기를 전 세계 사람들과 공유하고 있는 좋은 사례이다. 언어가 필요 없는 콘텐츠, 누구나 관심을 가질만한 기획도 이 채널의 장점이다. 현재 이 채널의 구독자는 930만 명(2019년 3월 기준) 수준이다.

간결하고 따뜻하게, 건강한 살림

현대 소비 사회는 '더 많이, 더 크게'를 부르짖는다. 과연 많이 사고 많이 쓰는 것이 좋은 것일까? 소비를 조장하는 자본주의와 소비지상주의에 지친 현대인들에게 미니멀 라이프가 삶의 방식으로 주목받고 있다. 유튜브에도 간소한 삶을 주제로 하는 채널이 많다.

유튜브 채널 '건강한 살림'은 누구나 알 법한 대형 채널이 아니다. 느리지만 꾸준하게 자신의 이야기를 해나가는 채널이다. 서두르거나 유행에 따르지도 않는다. 이 크리에이터는 가정 살림과 세 아이의 육아를 하며 시간을 쪼개어 영상을 올린다. 스마트폰 동영상 편집기 키네마스터KineMaster를 이용해 영상 편집을 하는 것으로 보이는데, 화려하진 않지만 마음을 편안하게 만들어주는 따뜻한 영상이 특징이다. 채널의 콘텐츠는 미니멀 라이프, 살림 등이다. 수납 및 정리 노하우, 침대 쓰지 않고 생활하기 등의 내용을 잔잔한 음악과 영상, 자막으로 풀어간다.

이 채널에는 환경과 건강에 대한 크리에이터의 철학이 담겨 있다. 물론 이 주제는 유튜브에서 소위 잘나가는 카테고리는 아니다. 하지만 자신만의 이야기를 꾸준하게, 그리고 소박한 콘텐츠로 꾸며냄으로써 꾸준히 성장하고 있다. 3개월 동안 천 명에 가까운 구독자를 얻었다.

이런 채널은 앞으로 성장할 가능성이 크다. 왜냐하면 자신의 삶에서 나온 내용으로 콘텐츠를 만들고 있어 앞으로 지속될 가능성이 크기 때문이다. 또한 소수지만 열혈 구독자를 확보할 수도 있다. 작지만 꾸준하게 자신만의 이야기를 만들어가는 모든 유튜버들을 응원한다.

 **3장**

성공한 크리에이터들의
10가지 핵심 전략

1단계 **철학 정립**
_극한 직업 유튜버, 왜 하려 하는가?

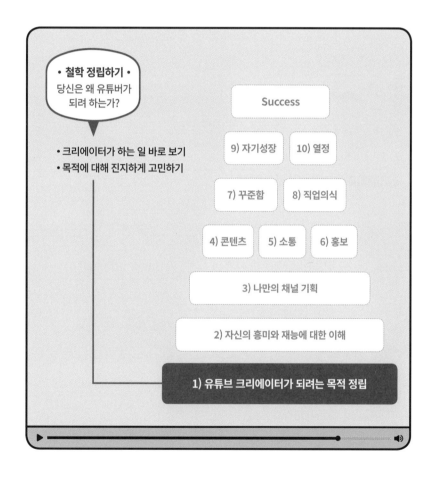

올해 초 개봉한 영화 「극한 직업」이 큰 인기를 얻었다. 실적 부진으로 해체 위기에 놓인 마약반 형사들의 이야기를 웃음과 함께 풀어내며 1,600만 관객을 돌파했다. 형사들이 밤낮으로 이리 뛰고 저리 뛰는 모습은 영화의 제목을 다시 한 번 상기시켜준다.

영화에서 보여준 형사들의 직업 세계도 마찬가지지만 세상에 어디 쉬운 일이 있을까 싶다. 회사원, 공무원, 자영업자 모두 나름의 고민과 어려움을 갖고 있다. 그렇다면 유튜브 크리에이터의 실상은 어떠할까? 3장에서는 앞서 2장에서 다뤘던 내용을 기반으로 유튜브에서 살아남는 전략의 핵심을 정리해보고자 한다.

크리에이터가 하는 일 바로 보기

크리에이터의 장점은 익히 아는 대로이다. 출퇴근할 필요 없이 방 하나만 있으면 1인 방송을 하거나 콘텐츠를 제작할 수 있다. 채널이 잘 성장하면 억대의 연봉을 기대할 수도 있다. 성공하면 대중적인 인기를 얻기도 한다. 결정적으로 게임, 먹방 등 '즐거운 일'을 하며 '쉽게' 돈을 벌 수 있는 것처럼 보인다. 이처럼 유튜버가 모든 이의 호기심을 자극하는 이유는, 그들이 대단한 노력을 하는 것 같지 않은데 높은 연봉까지 얻는다는 인식 때문이다.

그러나 현실 속 유튜브 크리에이터는 한 마디로 '극한 직업'이다. 콘텐츠를 기획, 촬영, 편집, 배포, 관리하는 모든 과정을 혼자서 진행한다. 이 과정은 종합적이며, 체계적이고, 일관된 방향을 갖고 있어야 한다. 콘텐츠는 크리에이터 나름의 독특한 색깔을 지녀야 하며, 지속적으로 업로드해야 한다.

하루에 몇 시간 정도 일을 하냐는 질문에 전업 크리에이터들은 공통적으로 말한다. 24시간을 일한다고. 정성껏 만든 영상을 유튜브에 올리면 끝이 아니다. 시청자의 효과적인 유입을 위해 신경 써서 섬네일을 제작해야 한다. 자신의 채널과 콘텐츠를 인스타그램, 페이스북 등에 올려 홍보해야 한다. 영상에 달리는 댓글을 확인한 후, 답글을 달아주고 좋아요를 눌러주어야 한다. 유명 크리에이터의 채널에는 하루에도 수천 개의 댓글이 달린다.

여기서 끝이 아니다. 유튜브에 실시간으로 올라오는 다양한 영상을 모니터링하고, 시청자의 관심사와 영상의 트렌드를 확인해야 한다. 사회의 이슈와 해당 분야의 최신 정보를 습득하고, 다음 콘텐츠는 어떤 내용으로 할지 기획해야 한다. 크리에이터에게 퇴근이란 없다. 단순히 결과만 보고, 크리에이터가 쉽게 돈 버는 직업이라는 생각은 버려야 한다. 사생활 침해 문제, 저작권 문제, 쉼 없는 경쟁에서 오는 스트레스 등은 접어두더라도 말이다.

밴쯔는 그냥 먹어서 돈을 번 것이 아니다. 먹방 콘텐츠의 메뉴와 구성 등에 대해 끊임없이 고민한다. 또한 항상 시청자와 소통하고 건강 관리 및 콘텐츠 제작으로 하루 대부분의 시간을 보낸다. 채널 '도티 TV'

를 운영하는 도티는 유튜브를 시작한 이후로 주말도 없이, 잠도 줄여가며 매일 콘텐츠를 올렸다. 유튜브에서 그냥 성공한 사람은 없다.

최근에야 여러 방송에서 노출된 크리에이터의 일상을 본 대중들이 크리에이터라는 직업에 대해 바르게 이해하기 시작했다. 이전까지 그들의 연봉과 성공한 모습 등 눈에 보이는 결과만 강조했다면, 이제는 그 이면에 숨겨진 치열한 고민, 노력, 과정에 주목하게 된 것이다. 이러한 이해 없이, 단순히 많은 돈을 벌기 위해, 유튜브판에 뛰어드는 이는 반드시 실패할 것이다.

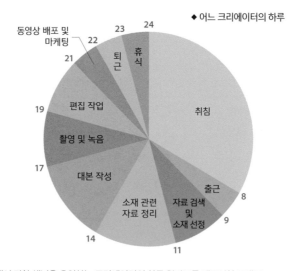

유튜브에서 과학 채널을 운영하는 크리에이터의 하루 일과표를 재구성한 그래프.
끊임없이 이어지는 콘텐츠 제작과 마케팅으로 저녁이나 주말이 있는 삶을 기대하기 힘들다.*

---

* "[유튜버 是是非非 ②] 제약사 연구원서 유튜버로… 일이 즐거워 業까지 바꿨다", 아시아경제, 2019.02.19,
http://www.asiae.co.kr/news/view.htm?idxno=2019021911294912981

목적에 대해 진지하게 고민하기

유튜브 크리에이터의 길이 결코 쉽지 않음을 이해했다면, 다음으로 유튜브를 하려는 목적을 분명하게 세워야 한다. 왜 이것을 하는지에 대한 고민 말이다. 당신은 왜 유튜브 크리에이터가 되고자 하는가? 이 질문에 명확히 답변하지 못한다면 크리에이터가 되어서도 어려움을 겪을 확률이 크다. 그러려면 먼저 확실하게 짚고 넘어가야 할 것이 있다. '왜 많은 사람이 유튜브에 영상을 올리는 걸까?' 사람들이 유튜브를 시작하는 목적은 크게 다음과 같다.

첫째, 자신의 유튜브 채널에 달리는 광고를 통해 광고 수익을 얻기 위함이다. 구독자 천 명, 연간 누적 시청 시간 4천 시간을 달성한 채널은 수익 창출을 신청할 수 있다. 적게는 몇만 원부터 많게는 수백, 수천만 원까지 직접적인 경제적 이익을 얻을 수 있다. 전업으로 유튜브를 운영할 수도 있고, 상황에 따라 투잡의 개념으로 접근할 수도 있다.

둘째, 퍼스널 브랜딩 또는 개인 창업의 수단이다. 대도서관은 1인 방송과 유튜브를 통해 세상에 자신을 알렸다. 학력 중심의 한국 사회에서, 고졸임에도 자신의 이름과 브랜드를 세상에 확실하게 각인시켰다. 유튜브는 전 세계 사람들에게 자신을 알릴 수 있는 수단이다. 또한 좋은 아이디어, 좋은 콘텐츠만 있으면 거의 무자본으로 채널 운영이 가능하다. 브랜딩에 성공하면 협찬, 광고 제작을 통해 부가 수입을 기대할 수도 있다.

셋째, 기업이나 상품, 서비스를 알리는 마케팅 수단이다. 삼성, SK하이닉스 등의 대기업은 이미 공식 유튜브 채널을 통해 자사의 상품을 홍보하고, 국방부에서는 '대한민국 육군' 등 다양한 채널을 통해 군의 이미지 제고에 힘쓰고 있다. 뿐만 아니라 중소기업, 소상공인까지 유튜브를 활용한 마케팅에 뛰어들고 있다.

넷째, 특정 목적을 달성하기 위해서다. 정치인은 자신의 세력을 확장하고 표심을 얻기 위해 유튜브 채널을 운영한다. 교육적인 목적으로 수업 영상을 유튜브에 공유하는 교사도 있다. 이외에도 선교, 사회 부조리 고발 등의 목적으로 유튜브를 운영하는 사례도 있다.

마지막은 개인적 목적으로 유튜브를 하는 경우이다. 유튜브로 일상을 기록하거나, 자신을 표현한다. 박막례 할머니의 채널은 추억을 기록하기 위해 처음 시작되었다. 브이로그를 업로드하는 젊은 크리에이터들은 기록과 동시에 자신을 표현하고자 하는 욕구를 유튜브를 이용하여 해소한다. 이외에도 다른 이들에게 크고 작은 도움을 주기 위해 유튜브 채널을 운영하기도 한다.

유튜브를 시작하고자 하는 당신은 위의 목적 중 하나 이상을 가지고 있을 것이다. 다섯 가지 목적 가운데 당신에게 부합하는 것이 없어도 괜찮다. 중요한 것은 유튜브를 하는 목적이 무엇이든, 그 지향점이 확실해야 한다는 것이다. 도티는 애들이나 하는 게임이라 불리는 '마인크래프트'로 콘텐츠를 꾸준히 만들었고, 국내 게임 크리에이터의 한 획을 그었다. 영상을 만드는 일이 다른 사람의 소중한 시간을 책임지는, 위로와 즐거움을 주는, 그래서 가치 있는 일이라는 철학이 있었기에 지속할 수 있었다. 퓨디파이도 유튜브를 자신의 커리어로 삼겠다는 일념에 매진하여 세계 최고의 게임 유튜버가 되었다.

어떤 일을 하든 뚜렷한 목적이 있어야 한다. 지향점이 없으면 누구나 흔들리게 마련이다. 맹목적인 실천은 나침반 없는 배와 같다. 유튜브도 마찬가지이다. 자신이 유튜브를 하려는 목적을 분명히 하자. 그리고 처음 세운 목적에 맞게 채널을 운영하자. 크리에이터에게도 철학이 필요하다.

> ▶ **첫 번째 핵심 전략**
>
> - 크리에이터라는 직업에 대해 바르게 이해하라. 결코 만만한 일이 아니다.
> - 유튜브를 시작하려는 목적을 분명하게 하라. 확실한 목적 없이 시작하는 채널은 방향성을 잃기 쉽다.

 **2단계** **자기 이해**

_정말 좋아하는 소재로 즐기면서 하라

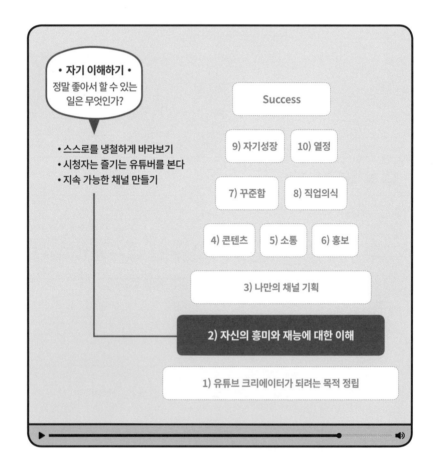

스타를 꿈꾸며 유튜브를 시작하는 사람들이 많다. 하지만 유튜브에서는 단기간의 구독자 급증이 당신에게 부와 명예를 가져다주지 않는다. 지금 이 시간에도 새로운 크리에이터가 계속 등장하고, 수많은 영상이 쏟아지고 있다. 잘못하면 말 그대로 '반짝'하고 대중들의 기억 저편으로 사라질 것이다.

유튜브 성공을 위해서는 누가 시키지 않아도 지속적으로 채널을 운영해야 한다. 지속적으로 최신 영상을 업로드해야 한다. 성공한 크리에이터들은 모두 수년에 걸쳐 채널을 운영해오고 있다. 경쟁이 점점 더 심화되는 요즘은 성공하기까지의 기간을 더욱 길게 봐야 한다. 그렇다면 어떻게 해야 오랜 기간 동안 유튜브 채널을 꾸준히 유지할 수 있을까?

스스로를 냉철하게 바라보기

나와 가장 가까운 사람은 나 자신이다. 그래서 본인에 대해 다 안다고 생각하지만, 자신을 완벽하게 알기란 쉽지 않다. 그러므로 유튜브 전쟁에 뛰어들기 전에 먼저 나에 대한 이해가 필요하다. 스스로를 향해 자신에 대한 질문을 던져보자. '나는 무엇을 좋아하는가?', '나는 무엇을 잘하는가?', '나는 어떤 일을 할 때 행복한 감정을 느끼는가?'

앞에서 소개한 뷰티 크리에이터 포니의 성공은 자신을 바르게 이해하는 데서 시작되었다. 그녀는 그래픽 디자이너와 메이크업 아티스트

중에서 자신의 진로를 고민했지만 자신이 좋아하는 후자를 선택했다. 결과적으로 무모한 결정이 아니었다. 퓨디파이 역시 자신이 정말 좋아하는 분야인 게임으로 유튜브 채널 운영을 시작했다. 주변의 부정적인 시선과 부모님의 반대뿐 아니라 거의 1년간 수입이 바닥이었지만, 그는 멈추지 않고 몰입했다. 자신에 대한 이해와 믿음이 없었다면 지속할 수 없는 일이었다.

나를 아는 과정에서 특히 중요한 것은 객관성을 유지하는 것이다. 한마디로 냉철해야 한다. 게임을 좋아하는 모든 이가 게임 크리에이터로 성공하지 못한다. 단순히 '게임이 좋다'에서 더 나아가야 한다. 오랜 시간 게임을 해도 지치지 않을 정도로 좋아하는지, 남들보다 뛰어나게 게임을 잘하는지 살펴봐야 한다. 게임 실력이 뛰어나지 않다면, 개인의 장점과 게임에 대한 대중의 흥미를 결합하여 시청자에게 어떤 새로운 시청 경험을 제공할 것인지 고민해야 한다.

자신의 장점과 단점을 완벽하게 파악한 사람은, 인생의 전략을 성공적으로 세울 수 있다. 장점은 더욱 부각시키기고, 단점은 커버하면서 새로운 가치를 창출할 수도 있다. 그리고 보다 빠르게 성공의 기회에 닿을 것이다. 그럼에도 이것이 쉽지 않은 이유는 인간의 판단이 대부분 주관적으로 기울기 때문이다.

자신을 이해하는데 도움이 되는 방법 중 하나는 일기 쓰기이다. 오프라 윈프리, 오바마 대통령 등 위대한 사람들은 모두 일기를 쓴다고 한다. 일기를 쓰면서 자신을 객관화한 것이 성공의 밑거름이 되지 않았을까 생각해본다. 다양한 경험, 독서와 토론, 질문과 같은 방법도 자기 객관화를 위한 좋은 방법이다.

방법이 무엇이든 객관화를 통해 자신을 돌아보고, 자신을 이해해보자. 그렇게 하면 감정에 의해서 일을 그르치지 않고, 앞으로 닥쳐올 위기에 현명하게 대응할 수 있다. 이렇듯 유튜브를 시작하기에 앞서 자신에 대한 이해가 중요한 또 다른 이유는, 지치지 않고 지속할 수 있는 힘이기 때문이다.

시청자는 즐기는 유튜버를 본다

그렇다면 좋아하는 일을 해야 할까, 아니면 잘하는 일을 해야 할까? 선택하기 쉽지 않다. 우리가 상급 학교에 진학할 때나 직업을 선택할 때도 했던 고민이다. 좋아하는 일을 하면 삶의 만족도가 높고, 잘하는 일을 하면 성과가 잘 나올 것이다. 정답이 없어 보이는 이 질문에 대한 현실적인 답변은 무엇일까. 성과나 결과 위주의 우리 사회에서 아직은 '잘하는 일'에 집중하는 이가 많은 것 같다.

다행히도 유튜브 시작에 앞서 망설이는 당신에게 낭만적인 답변을 줄 수 있을 것 같다. 유튜브에서는 '좋아하는 일'을 해도 될 뿐만 아니라 좋아하는 일에 집중해야 한다. 구독자 52만 명의 채널 'KIMDAX'를 운영하는 킴닥스는 '자기가 정말 좋아하는 소재로 크리에이터 활동을 시작해야 한다'고 조언한다. 그래야 자발적으로 영상을 만들고 성실하게 채널을 운영할 수 있다는 것이다. 슬럼프가 왔을 때도 더 쉽게 이겨낼 수 있다.

시청자를 생각해서라도 좋아하는 일을 선택해야 한다. 크리에이터가 영상을 기획하고 제작하는 모든 과정을 즐겨야 보는 이도 즐거울 수 있다. 퓨디파이는 그의 채널 영상에서 이렇게 조언했다.

"당신이 즐기면서 만든 영상을 만들었다면, 다른 사람들도 그 영상을 즐길 거예요. 나는 정말로 그렇다고 믿어요. 그러니 당신이 영상 만드는 것이 즐겁지 않다면 하지 마세요."

정말 좋아하는 일로 유튜브를 해라. 유튜브 성공에 가까워지는 길, 자기 내면의 행복에 이르는 길, 삶의 만족도를 높이는 길. 이 모든 것들은 정말 좋아하는 일을 할 때 가능하다는 사실을 잊지 말자.

지속 가능한 채널 만들기

이제 '나'를 알았으면, 나에게 알맞은 유튜브 채널을 만들어야 한다. 스스로 관심이 있고 잘할 수 있는 주제 등 나와 궁합이 맞는 주제와 콘셉트를 정해야 한다. 크리에이터가 자다가 일어나서도 즐겁게 할 수 있는 것, 영상을 찍고 편집하는 과정까지 즐거울 수 있을 만한 주제 말이다. 퇴근 후에도 영상 촬영과 편집을 게을리하지 않는 '퇴경아 약먹자' 채널의 고퇴경, 아이를 돌보는 시간을 쪼개서라도 10시간 이상 걸리는 그림 작업을 업로드하는 'Drawing Hands' 채널의 전숙영이 유튜브를 계속할 수 있는 이유가 바로 그것이다.

특별히 좋아하는 일이 없다면, 당신이 조금이라도 관심을 갖고 있는 주제로 채널을 열어야 한다. 그렇지 않으면 언젠가 당신은 포기하게 될 것이다. 최근 유튜브에서 가장 인기 있는 소재가 '책 리뷰'라고 가정해보자. 당신은 책을 좋아하지 않지만 대중의 관심사에 맞게 책 리뷰 전문 채널을 개설했다. 그리고 책을 겨우 읽어서 하나의 영상을 업로드했다. 내키지 않지만 두 번째 영상도 만들어 올렸다. 이 상태를 반복하면 점점 의욕은 떨어지고 책을 읽는 시간은 늘어질 것이다. 영상의 업로드 간격이 길어지다가 결국 포기할 수밖에 없다. 당신이 전혀 관심 없는 주제로 채널을 열어 그 과정이 의무처럼 다가와 괴롭기 때문이다.

유튜브 경쟁이 점점 치열해지고 있다. 더 많은 사람과 자본이 투입되며 유튜브 영상은 상향 평준화되고 있다. 끼 많은 초등학생부터 대학생, 중장년층, 노년층까지 유입되고 있다. 2018년에는 구독자 백만 명 이상을 보유한 채널이 두 배 가까이 증가했다. 이런 상황에서도 처음부터 반응이 오는 채널도 있겠지만, 유튜브 전쟁은 장기전으로 보아야 한다. 얼마나 좋은 영상을, 얼마나 지속적으로 보급하느냐에 따라 채널의 성패가 나뉜다. 최소 1년 이상은 시청자 수와 상관없이 꾸준히 영상을 업로드 한다고 생각하자. 대중들의 관심이 유튜브에 쏠릴수록 장기적인 안목은 더욱 중요해지고 있다. 따라서 누가 시키지 않아도 지속적으로 운영할 수 있는 채널을 개설하는 것이 먼저임을 꼭 기억해야 한다.

> ▶ **두 번째 핵심 전략**
>
> - 객관적인 시선으로 자신을 바라보자. 자신의 흥미, 재능 등에 대해 알고 시작해야 한다.
> - 잘하는 일보다 좋아하는 일을 선택하는 편이 크리에이터에게도, 시청자에게도 유익하다.
> - 유튜브는 장기전이다. 누가 시키지 않아도 계속해서 운영할 수 있는 채널을 만들어야 한다.

3단계 **채널 기획**

_성공하고 싶으면 채널 기획부터 시작하라

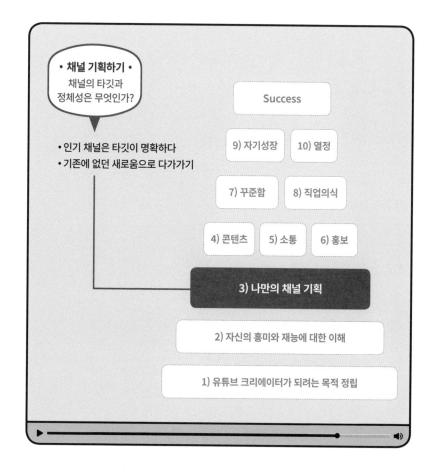

• **채널 기획하기** •
채널의 타깃과
정체성은 무엇인가?

Success

9) 자기성장　　10) 열정

• 인기 채널은 타깃이 명확하다
• 기존에 없던 새로움으로 다가가기

7) 꾸준함　　8) 직업의식

4) 콘텐츠　　5) 소통　　6) 홍보

3) 나만의 채널 기획

2) 자신의 흥미와 재능에 대한 이해

1) 유튜브 크리에이터가 되려는 목적 정립

유튜브를 떠도는 시청자들에게 시간은 부족하고 영상은 많다. 평생 봐도 유튜브 영상을 다 볼 수 없기에, 한 채널에 오래 머무르며 진지하게 구독을 고민하는 사람은 거의 없다. 그래서 그들이 당신의 유튜브 채널을 방문했을 때, '내 채널은 이것입니다'라고 임팩트 있게 보여주어야 한다.

채널을 기획하는데 있어 '채널 정체성'은 무척 중요하다. 모든 유튜브 채널은 무엇을 주제로 하는지 시청자에게 확실하게 어필할 수 있어야 한다. 명확한 키워드 또는 짧은 문장 정도로 표현하는 것이다. 그래야 시청자도 방문한 채널의 콘셉트를 금방 이해할 수 있다.

채널이 확실한 정체성을 가지기 위해서는 영상 주제의 일관성이 중요하다. 이 주제, 저 주제를 다루는 것이 아니라 하나의 주제를 집중적으로 다루어야 한다. 여기에 타깃 시청자가 확실하다면 금상첨화다. 주제의 일관성, 정확한 타깃팅은 채널의 정체성을, 색깔을 확실하게 보여준다.

인기 채널은 타깃이 명확하다

시청자들은 유튜브의 수많은 영상 중에서 자신의 시간을 지불하여 콘텐츠를 소비한다. 그들이 가진 시간은 제한적이다. 시장의 소비자들이 한정된 돈을 갖고 상품을 구매하듯, 유튜브의 시청자들은 한정된 시간을 가지고 자신이 원하는 영상을 소비한다.

제한된 시간 안에서 영상을 시청하기 때문에 그들은 신중을 기한다. 마치 밥을 먹을 때 무작위로 식당을 선정해 메뉴판을 보지도 않고 음식을 시키지 않듯이, 유튜브에서도 불필요한 채널에 들어가 아무 영상이나 보지 않는다. 영상을 보다가도, 재미없고 지속해서 볼 가치가 없으면 도로 나온다. 이 시대의 시청자는 그 어느 때보다 확실한 취향을 갖고 있으며 현명하게 자신의 콘텐츠를 고른다.

그렇다면 크리에이터는 어떻게 이들을 사로잡을 수 있을까? 바로 그들이 찾는 상품, 아니 영상을 제공해야 한다. 그래야 영상이 소비되고 채널의 단골로 만들 수 있다. 물론 모든 사람들의 관심사를 충족시킬 수 있는 영상은 없다. 10대 학생, 20대 여성, 40대 남성은 각각 다른 관심사를 갖고 있다. 당연히 이들이 필요로 하는 영상도 상이하다. 그래서 타깃 시청자를 설정해야 하는 것이다. 영상의 타깃 시청자가 결정되면, 채널의 방향성도 잡힌다.

'토이푸딩'은 장난감 놀이 모습을 보여주는 채널로 세계 어린이들의 사랑을 받고 있다. 타깃 시청자를 영유아로 잡고 이들에게 적합한 영상을 제공한다는 전략이 유효했다. '단희 TV' 채널은 국내 40~50대를 타깃으로 부동산, 은퇴 준비, 동기 부여 관련 영상을 제공하며 꾸준히 성장하고 있다. 수백만의 구독자를 확보한 것은 아니지만, 대한민국 중년들이 필요로 하는 정보와 함께 용기와 희망을 주고 있다.

이런 '취향저격' 채널은 열혈 구독자를 만든다. 그들에게 특화된 내용을 통해 두터운 팬 층을 확보할 수 있다. 또한 채널의 정체성을 명료하게 다듬는다. 다시 강조하지만, 일관된 주제로 꾸준하게 영상을 업로드해야 하는 유튜브에서 채널 정체성은 중요한 요소이다. 먹방 채널인지, 리뷰 채널인지, 게임 채널인지를 확실하게 정해서 보여줘야 한다. 그렇지 않으면 먹방 시청자도, 게임 시청자도 놓치게 된다.

타깃 시청자의 설정은 채널의 주제와 함께 맞물려 생각하자. 그리고 타깃의 구체화 정도는 채널의 방향성에 맞게 설정하자. 넓은 타깃을 노리는 일반적인 기획은 시청 수요가 많은 만큼 경쟁이 심하다. 좁고 세분화된 타깃은 시청 수요가 적은 편이지만 그들의 확실한 지지를 받을 수 있다. 일례로, 일반적인 요리 채널과 디저트 전문 채널은 그 성장의 모습이 매우 다를 수밖에 없다.

인기 있는 채널의 비밀은 바로, 시청자들이 원하는 것을 주는 것이다. 타깃 시청자를 정하고 시청자의 입장이 되어 생각해보자. 그들이 원하는 내용이 무엇인지 찾고, 영상으로 응답하자. 이는 너무도 당연하지만, 유튜브를 시작하는 많은 사람들이 간과하고 있는 부분이기도 하다.

기존에 없던 새로움으로 다가가기

대중들은 이제 식상한 무언가를 원하지 않는다. 이러한 선호도는 음악, 영화 등의 대중문화 전반에서 더욱 극명하게 드러난다. 남을 따라

하면 아류로 남지만, 새로움에 다가가면 일류가 될 수도 있다. 유튜브 크리에이터도 마찬가지이다. 다른 채널을 그대로 따라한 채널은 고유한 가치를 지닐 수 없다. 그래서 기존에 없던 새로움으로 승부를 해야 하는 것이다. 기존에 없던 새로움, 차별화 전략으로 채널을 기획하는 몇 가지 방법을 살펴보자.

우선 첫 번째 방법은, 새로운 영상 주제를 다루는 것이다. 채널의 메인 주제를 중간에 바꾸라는 말이 아니다. 기존에 다른 채널에서 다루지 않은 주제나 소재를 발굴하라는 의미이다. 없는 게 없는 유튜브에서 아무도 다루지 않은 주제를 발견하기란 쉽지 않다. 하지만 당신이 새로운 주제를 발견하고 이를 영상에 잘 담아낸다면 새로운 카테고리를 선점할 수 있다. 원시기술을 다루는 채널 'Primitive Technology'의 경우가 아예 새로운 주제로 접근한 사례이다.

아무리 둘러봐도 새로운 소재가 없다면 포기해야 할까? 아니다. 기존의 재료를 가지고 직접 만들면 된다. 기존의 주제를 변형하거나 융합하여 기존과 다른 가치를 만들어내는 방법이 있다. 먹방을 주제로 예를 들면 다음과 같은 다양한 변주곡이 가능하다.

▶ **주제 좁히기:** 세부적인 먹방의 콘셉트 정할 수 있다. 기존의 먹방에서 조금 더 세분화, 전문화하여 채식 먹방을 시도한다면 채식에 관심이 많은 구독자들의 환영을 받을 것이다.

▶ **주제 비틀기:** 말 그대로 주제를 조금 비틀고 변형하는 것이다. 기존의 대식가들이

보여주는 먹방과 대비되는 소식 먹방, 사람 대신 애완동물이 음식을 먹는 동물 먹방 등의 신선한 시도가 가능하다.

▶ **주제 합치기:** 기존에 있던 주제를 병합하는 방법으로 새로운 콘텐츠를 만들 수도 있다. 최근 많은 크리에이터들이 먹방과 ASMR의 결합을 시도하고 있다. 먹방의 시각적 자극과 ASMR의 청각적 자극이 합해진 먹방 ASMR은 시청자들에게 새로운 즐거움을 주고 있다.

참신한 채널을 기획하는 두 번째 방법은, 영상 기법을 새롭게 하는 것이다. 어느 그릇에 담느냐에 따라 음식의 맛과 느낌이 달라지기 마련이다. 유튜브 콘텐츠가 음식의 내용물이라면 영상 기법은 음식을 담는 그릇이라고 할 수 있다. 같은 콘텐츠도 영상의 구도, 시점, 형식 등에 따라 다르게 전달할 수 있다.

유튜브 채널 '셀레브-Sellev'는 다양한 유명 인사의 인터뷰를 콘텐츠를 제공한다. 교수, 작가, 기업인 등 각자 자신의 분야에서 일가를 이룬 사람들이 나와 성공에 대한 나름의 철학을 이야기한다. 지루할 수도 있는 인터뷰 콘텐츠이지만 자판을 두드리는 듯한 자막 효과, 인터뷰의 핵심 키워드를 보여주는 방식 등 셀레브만의 영상 형식을 통해 단편 영화를 본 듯한 느낌을 받을 수 있다. 옆모습 영상을 선보인 제이플라와 리액션캠 구도를 처음 시도한 퓨디파이도 구도나 형식의 제약을 벗어난 사례다.

혹시라도 영상 기법이라는 말에 두려움부터 갖지 말기를 바란다. 성공한 수많은 크리에이터들 중 대다수는 영상에 대한 전문지식 없이 유튜브를 시작했다. 그만큼 영상 편집의 화려함 보다는 기법의 참신함이 중요하다. 카메라의 구도를 바꾸어보고, 촬영 장소의 배경에도 변화를 주어보자. 참신한 자막이나 편집을 시도해볼 수도 있다. 가장 중요한 것은 콘텐츠 내용을 매력적으로 보이게 하는 연구와 고민을 멈추지 않는 것이다.

세 번째 방법은, 독특한 콘셉트로 차별화하는 것이다. 차별화는 새로움, 참신함, 특별함, 고유성과 연결된다. 즉, 남들과는 다른 것을 뜻한다. 기존의 생각이나 제품과 다른 지점을 설정하면 이것이 차별화 요소가 되는 것이다.

장삐쭈는 'B급 감성'으로 차별화한 사례이다. 언뜻 보면 대충 만든 것 같은 그의 콘텐츠는 친근하게 대중에게 다가가기 위한 콘셉트이자 차별화의 일종으로 볼 수 있다. 반대로 포니의 콘텐츠는 내용, 구성, 화질 등 모든 면에서 고퀄리티를 자랑한다. 완벽을 추구하는 그녀의 성향과 타 채널이 따라올 수 없을 만큼 우수한 콘텐츠를 차별화 전략으로 꼽을 수 있다. 한편 케이시 네이스탯은 사회의 통념을 깨는 사고방식이 좋은 차별화 지점이다. 그는 나이키에서 광고 의뢰를 받고, 지급받은 광고비가 소진될 때까지 세계를 여행하고, 이를 광고 영상으로 만들었다. 영화 홍보비로 받은 돈을 당시 태풍으로 큰 피해를 입은 필리핀의 구호활동에 쓰기도 했다. 문제에 대한 새로운 접근법을 시도한 것이다.

당신만의 차별화 전략은 무엇인가? 특정 분야에 대한 고도의 전문성, 특별한 경험에서 나오는 노하우, 친근함을 유발하는 인격적 매력 등 차별화 방법을 찾아보자. 그것이 당신의 채널을 더욱 눈에 띄게 만들어줄 것이다.

채널을 기획하는데 있어 중요한 것은 결국 '내가 가진 것을 어떻게 보여줄 것인가'에 대한 고민이다. 다시 한 번 내가 가진 것을 돌아보자. 다른 채널을 통해 새로운 아이디어를 얻되 거기서 머무르지 말고 한 발짝 더 나아가자. 콘텐츠의 매력을 한껏 돋보이게 만들어주는 무기를 찾아보는 것이다.

새로움이라는 무기는 당신 옆에 있을 수도 있다. 친구들과의 대화 속에서 발견할 수도 있고, 해묵은 일기장에 써놓은 문장에서 찾을 수도 있다. 당신이 관심을 갖고 주위를 둘러보기 시작할 때, 생각지도 못한 아이디어가 당신에게 다가갈 것이다.

> ▶ **세 번째 핵심 전략**
>
> - 채널을 기획할 때에는 정확한 타깃 시청자를 설정하자. 그들이 필요로 하는 영상, 일관된 주제의 영상을 제공해야 한다.
> - 새로운 채널을 기획하자. 주제를 좁히고, 비틀고, 합치며 새로운 주제를 만들어보는 것이다. 다양한 영상 기법을 시도하고, 차별화 전략을 세워보자.

4단계   채널 운영 1
_우수한 콘텐츠로 승부하라

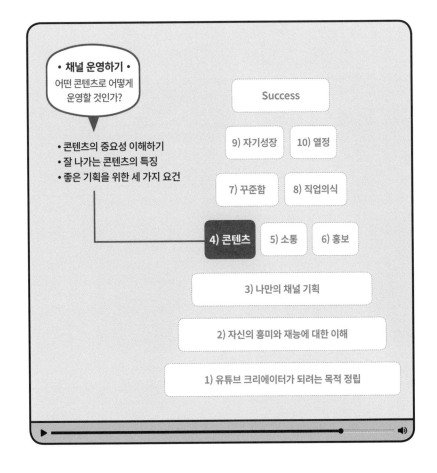

2018년 유튜브에서 가장 많은 조회 수를 기록한 영상은 무엇일까? 바로 미국의 모델, SNS 스타이자 사업가인 카일리 제너Kylie Jenner의 출산 기록을 담은 영상 〈To Our Daughter〉이다. 11분 30초 분량의 이 영상은 81만 번(2019년 3월 기준) 이상 조회되며 지난해 최고 화제의 영상이 되었다.

언뜻 보면 영상의 내용은 특별할 것 없어 보인다. 화려한 편집 기술을 자랑하지도 않는다. 그저 임신부터 출산까지의 과정을 담담하게 보여준다. 잔잔한 배경 음악 위에 태아의 심장 소리를 듣는 장면, 산모의 배가 불러오는 장면, 진통과 출산 장면 등이 교차된다. 긴 숨을 갖고 접근한 '좋은 기획'과 화제의 인물이라는 '특별함'이 2018년 1위 콘텐츠를 만들었다.

당신이 화제성이 없는 평범한 사람이라고 실망하지 말기를 바란다. 그녀처럼 누구나 아는 인물이 아니어도 된다. 화제성은 만들어 가면 된다. 좋은 콘텐츠를 만들면 구독자는 자연스레 늘어난다. 타인과 비교하여 상대적 박탈감이 들수록, 평범한 우리가 더욱 집중해야 할 부분은 콘텐츠이다.

콘텐츠의 중요성 이해하기

유튜브는 콘텐츠 싸움으로 귀결된다. 콘텐츠의 중요성을 강조하기 위해 연예인 크리에이터 이야기를 해보려 한다. 연예인은 확실히 화제성을 가진 인물이다. 하지만 인지도가 있다고 해서 모두 성공한 크리에이터가 되는 것은 아니다. 아무리 유명인이더라도 매력적인 콘텐츠 없이 사람들의 발길을 잡아둘 수는 없다. 뷰티 유튜버로서 제2의 인생을 살고 있는 개그맨 김기수는 연예인 크리에이터를 꿈꾸는 이들에게 '그저 연예인이니 쉽게 구독자 수를 늘릴 수 있다고 생각하면 실패한다'고 조언한다.

현재 팔로워 수 최상위에 있는 유튜버들 모두 연예인 출신이 아니다. 그들은 인지도로 콘텐츠를 팔지 않았다. 오히려 콘텐츠로 인지도를 만들었다. 결국 중요한 것은 콘텐츠이다. 사람들이 찾는 것은 '매력적인 동영상'이다. 결국은 콘텐츠로 승부해야 한다. 유튜브 크리에이터로 맹활약하고 있는 강유미의 인기는 단지 개그우먼이라서 얻은 게 아니다. '개그맨다운 콘텐츠'가 있었기 때문에 가능한 일이었다.

인지도가 없는 것이 오히려 시청자들에게는 신선한 캐릭터로 비춰질 수 있다. 이미지가 고정된 연예인들은 캐릭터를 바꾸기 쉽지 않다. 오히려 평범한 사람이 캐릭터를 확실하게 잡는다면 더 유리할 수도 있다. 꼭 기억하자. 채널 성장의 핵심은 콘텐츠이다. 콘텐츠가 확실하다면 당신도 연예인 유튜버 이상의 구독자를 확보할 수도 있다.

잘나가는 콘텐츠의 특징

유튜브 트렌드 분석가인 케빈 알로카Kevin Allocca는 잘나가는 유튜브 영상의 3가지 비결을 이렇게 제시한다. 화제의 인물이 될 것, 시청자가 참여하고 싶게 만들 것, 영상이 빠르게 퍼지도록 할 것. 앞에서 제시한 카일리 제너의 영상이 이러한 조건을 어떻게 충족했는지 살펴보자.

첫째, 대중의 관심이 집중된 화제의 인물이 참여한 영상이었다. 스타의 임신과 출산이라는 소재는 그것만으로 충분한 화제성을 지니고 있다. 그리고 평소에는 볼 수 없는 그녀의 사적인 모습이 담겨있어 희소성과 대중성을 모두 만족한 콘텐츠였다.

둘째, 시청자가 참여하고 싶게 만드는 콘텐츠였다. 유튜브에 올라오는 영상 중 일부는 많은 사람들에게 공유되고 패러디물을 낳는다. 이 과정에서 사람들은 새로운 영감과 창의성을 주고받는데, 이런 시청자의 참여가 반복되면 문화가 되기도 한다. 〈To Our Daughter〉 영상도 시청자의 참여를 이끌며 세계적으로 많은 패러디 영상을 탄생시켰다.

셋째, 사람들에게 공유되는 속도가 매우 빨랐다. 대중들이 공유하고 따라하고 싶게 만드는 영상은 급속히 확산된다. 공유할 가치가 있는 영상은 계속 공유되며 그 속도가 더 빨라진다. 그녀의 영상은 특히 그녀의 팬들에 의해 더욱 빠르게 확산되었다.

잘나가는 콘텐츠, 좋은 콘텐츠의 공통점은 시청하거나 공유할 '가치'가 있다는 것이다. 그래서 이 가치를 기반으로 빠르게 공유되고 확산된다. 흔히 바이러스처럼 빠르게 전파된다고 하여 바이럴 콘텐츠Viral Contents라고 부른다. 반면, 차이점은 가치가 만들어지는 지점이 다르다는 것이다. 어떤 영상은 감동을 주거나 재미를 유발하는 요소를 통해 가치를 만든다. 유용한 정보 또는 체계적으로 정리된 사실을 전달함으로써 가치를 만들기도 한다. 중독성 있는 음악, 동작의 반복으로 모방 욕구를 자극하는 영상도 타인과 공유할 가치를 지닌다.

정리하자면 좋은 콘텐츠의 비밀은 재미, 감동, 위로, 정보, 간접 경험 등을 통해 시간을 들여 화면에 집중하는 시청자에게 응당한 가치를 제공하는 데 있다.

좋은 기획을 위한 세 가지 요건

날이 갈수록 단순 일자리는 기계로 대체되고 있다. 반면 기획하는 힘을 가진 인재의 수요는 증가하고 있다. 스스로 문제를 발견하고 해결하는 것, 수많은 정보를 재가공하여 새로운 가치를 창출하는 것이 바로 기획이다. 미래는 기획력이 중요한 시대이다. 그리고 크리에이터가 꼭 갖추어야 할 능력이다. 매력적인 동영상, 좋은 콘텐츠 이전에는 좋은 기획이 있다. 기획 단계부터 잘 설계해야 좋은 영상이 나오기 때문이다. 유튜브 콘텐츠를 기획할 때 도움이 될 만한 몇 가지를 살펴보자.

첫째, 기본적으로 새롭고 창의적인 기획을 추구해야 한다. 특별히 엉뚱함에 주목해보면 어떨까? 엉뚱함에는 긍정과 유머, 새로움과 특별함, 호기심과 창의성이 있다. 유튜브 친화적인 영상을 만드는데 엉뚱함은 강력한 무기가 된다. 크리에이터 선아는 애완용 미니피그 먹방 콘텐츠를 선보였다. 엉뚱해 보이는 기획이었지만, 천만 뷰 이상을 기록하며 시청자의 큰 관심을 받았다.

둘째, 대중이 좋아하고 즐길 수 있는 콘텐츠를 기획해야 한다. 기록용이 아닌 이상 유튜브에 올리는 영상은 타인에게 보여주기 위한 영상이다. 따라서 대중이 좋아할 만한 기획을 하는 것도 중요하다. 구독자의 댓글을 통해 이런 기획에 대한 아이디어를 얻을 수도 있고, 그 시기에 유행하는 소재를 중심으로 기획을 할 수도 있다.

셋째, 기획의 방향은 명확해야 한다. 영상의 주제나 캐릭터를 한 문장으로 설명할 수 있을 만큼 뚜렷해야 한다. 크리에이터가 자신의 영상을 한 문장으로 설명하지 못하면서, 시청자에게 그 내용이 잘 전달되기를 바랄 수는 없는 일이다. 그리고 각 콘텐츠 사이에도 일관성이 있어야 한다. 일관된 콘텐츠는 채널의 정체성으로 이어진다. 이는 시청자가 꼭 그 채널을 방문해야하는 이유, 크리에이터의 존재 이유이기도 하다.

이외에도 기획에 대한 이론과 방법론은 다양하다. 기본적으로 기획은 남을 설득하는 것이다. 사람에 대한 이해와 공감이 바탕이 되어야 하므로, 끊임없이 살피고 관찰해야 한다. 인간과 사회에 대한 공부를 멈추지 말아야 한다. 물론 가장 중요한 것은 기획에 대한 끊임없는 고민이 있어야 한다는 것이다. 고민들이 쌓이고 엉키다 어느 순간 좋은 기획이 당신 앞에 나타날지 모른다.

▶ 네 번째 핵심 전략

- 유튜브 채널을 키우려면 결국 콘텐츠가 중요하다. 사람들이 찾는 것은 '매력적인 동영상'이다.
- 좋은 콘텐츠의 공통점은 재미, 감동, 위로, 정보 등 시청자에게 '볼만한 가치'를 제공하는 것이다.
- 좋은 기획은 창의적이고, 대중이 즐길 수 있으며, 방향성이 확실한 기획이다.

● 콘텐츠 기획에 도움이 되는 3H 전략 ●

유튜브에서 콘텐츠를 기획할 때 도움이 되는 3H(Hero-Hub-Help) 전략을 소개한다. 이 전략을 통해 체계적이고 일관성이 있는 콘텐츠를 기획할 수 있을 것이다. 또한 각 시기별, 상황별로 시청자의 요구에 유연하게 대응하는 방안이 될 수도 있으니 참고하기 바란다.

① Hero 콘텐츠

기존의 TV 광고와 유사한 단발성·행사성의 콘텐츠를 의미한다. 특정 이벤트나 대규모 행사와 관련되어 있는 경우가 많다. 기존의 구독자는 물론이고 우연히 채널을 방문한 시청자도 즐길 수 있는 넓은 기획이어야 한다. 예를 들어, 허팝이 직접 시청자를 찾아가 선물을 주는 '허팝 택배'와 같은 콘텐츠가 있다.

② Hub 콘텐츠

공중파 정규 편성 프로그램에 비유할 수 있다. 정기적으로 업로드하는 형식의 콘텐츠이다. 시청자가 지속적으로 방문하게 만드는 콘텐츠이며, 메인 콘텐츠라고 할 수 있다. 허팝의 일반적인 실험 콘텐츠가 여기에 해당한다.

③ Help 콘텐츠

시청자의 즉각적인 요구나 수요에 맞추어 제작하는 콘텐츠이다. 시청자의 궁금증을 해소하고, 그들의 관심을 불러일으킨다. 핵심 타깃 시청자가 필요로 할 경우에 수시로 제작하여 배포한다. 예를 들어, 허팝의 Q&A 콘텐츠가 있다. '넥타이 매는 법'과 같이 어떤 일의 구체적인 수행 방법을 알려주는 하우투How To 콘텐츠도 이에 해당한다.

* 출처: 유튜브 크리에이터 아카데미

5단계 **채널 운영 2**

_솔직하고 친근하게 소통하라

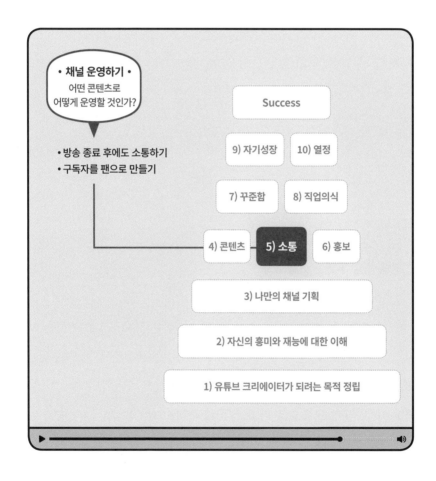

언제부터인가 우리 사회는 '소통'을 강조하고 있다. 일반적으로 의사소통의 줄임말로 쓰이지만, 이제는 생각과 감정을 나누는 것 이상의 무언가를 함의하고 있는 듯하다. 국가와 국민, 생산자와 소비자, 세대와 세대 간의 교감까지 강조되고 있다.

또한 개인의 자유와 권리를 존중하는 사회 분위기, 정보통신 기술의 고도화, 새로운 미디어의 등장이 우리에게 소통을 더욱 직접적으로 강요하는 분위기다. 재미있는 것은 '소통의 구호를 외치던 시기'와 아프리카TV와 같은 '인터넷 방송이 본격화되던 시기'가 그 궤를 같이 한다는 점이다. 인터넷 방송이 우리 사회의 소통 문화에 얼마나 많은 영향을 주었는지는 확실하지 않다. 다만 확실한 것은 소통 여부가 유튜브 채널 성장의 성패를 가를 수도 있다는 것이다. 사회에서 소통은 권장 사항이지만, 유튜브에서 소통은 필수이다.

방송 종료 후에도 소통하기

유튜브 채널 운영에 있어 '구독자와의 소통'은 구체적으로 무엇을 의미할까? 이는 크리에이터와 구독자가 생각이나 감정을 공유, 공감하는 모든 행위를 포함한다. 크리에이터가 채널을 운영하는 전 과정에서 일어나며, 다양한 모습으로 나타난다. 구독자의 댓글을 확인하는 단순한 행위부터 구독자의 의견을 콘텐츠에 반영하는 일까지… 라이브 방송이라면 시청자와 실시간 채팅으로 대화를 나눌 수도 있다.

유튜브에 있어 소통은 단순히 구독자와의 관계를 유지하는 측면 이상의 가치를 지니고 있다. 크리에이터는 소통을 통해 다음과 같은 이점을 얻을 수 있다. 첫째, 콘텐츠 고객인 시청자의 수요와 요구사항을 파악할 수 있다. 영상을 시청한 사람들은 '좋아요'와 '싫어요' 그리고 '댓글'을 통해 다양한 반응을 남긴다. '좋아요' 혹은 '싫어요'의 많고 적음에 따라 대중을 반응을 살필 수 있다. 이런 통계를 차후 콘텐츠에 반영한다면 조금 더 대중 친화적인 콘텐츠를 만들 수 있을 것이다.

특히 시청자의 '댓글'은 콘텐츠의 대중성에 대한 고민을 해결해주고, 콘텐츠 기획에 대한 아이디어를 제공하기도 한다. 잘못된 정보를 정정해주기도 하고 '이런 콘텐츠를 해주세요'라고 요청하는 경우도 많다. 크리에이터 허팝은 실제로 시청자들의 댓글에서 많은 아이디어를 얻어 실험 콘텐츠를 기획한다. 모든 시청자의 의견을 반영할 수는 없겠지만, 영상에 달리는 댓글은 트렌드의 흐름, 대중의 요구를 파악할 수 있는 좋은 창구이다.

둘째, 교감을 통해 크리에이터와 구독자 사이의 끈끈한 관계를 만들 수 있다. 직접 대면을 통한 교감은 아니지만 '랜선 교감'은 시청자에게 크리에이터와 연결되어 있다는 느낌을 준다. 유명 크리에이터들은 영상마다 달리는 수많은 댓글을 하나하나 확인하기 위해 노력한다. 퓨디파이는 그의 구독자들을 'Bro'라고 부르며 그들과 친근한 관계를 유지한다. 몸이 아프면, 아파서 영상을 쉰다고 솔직하게 시청자에게 이야기한다. 이유도 모른 채 기다릴 시청자들을 위해 말이다. 그는 지금 최고의 자리에 있지만 지속적으로 구독자와 소통하고 교감하려 노력한다. 구독자와 친밀한 관계를 유지하고 그들을 콘텐츠에 참여시킨다. 그만큼 구독자를 유지하는 것은 중요한 문제라고 그는 이야기한다.

셋째, 팬덤을 형성할 수 있다. 팬덤은 특정 인물이나 분야를 열성적으로 좋아하는 사람들을 지칭하는 말이다. 유명 크리에이터들의 공통점은 단순 구독자들뿐 아니라 팬덤이 있다는 것이다. 1인 미디어는 소통을 생명으로 하는데, 이 소통이 원활하게 이루어져 발전된 형태를 갖추면 크리에이터의 팬덤이 형성되는 것이다.

팬덤은 소속감을 주며 크리에이터와 조금 더 특별한 관계임을 확인시켜준다. 유튜버는 아니지만 할리우드 배우 기네스 펠트로의 이야기를 해보자. 그녀는 자신이 운영하는 웹매거진 구독자들에게 남편과의 이혼을 결심했다는 내용의 이메일을 보냈다. 이는 언론보다도 앞선 소식이었다. 누구보다 먼저 그녀의 사생활을 알게 된 팬들은 그녀의 세상에 속해있다는 느낌을 받고 더욱 그녀의 편이 되었을 것이다.

구독자를 팬으로 만들기

올바른 소통은 채널 성장을 도와주지만, 크리에이터의 변명과 거짓말은 시청자들에게 배신감을 안겨준다. 구독자와의 약속을 지키지 않고 거짓말을 일삼다가 구독자가 감소하는 수모를 겪은 크리에이터도 있다. 한번 무너진 신뢰는 회복하기가 매우 어렵다.

크리에이터가 가져야 하는 소통의 자세는 구독자들에게 솔직하고 친근하게 다가가려는 자세이다. 10대들에게 특히 영향력이 있는 크리에이터 중 '보겸(김보겸)'이 있다. 대부분 평범한 옷차림으로 진솔한 방송을 진행해 동네 아는 형은 같은 느낌을 준다. 그에게서 가식을 찾아보기는 힘들다.

그는 자신을 구독자들의 '형'이라 지칭한다. 구독자들을 특별히 '가조쿠_{가족의 일본어 발음}'라고 부르며 그들과 친근한 관계를 형성한다. 소통을 넘어 팬덤, 팬덤을 넘어 정말 가족이 된 걸까? 보겸이 업로드하는 콘텐츠는 주제와 상관없이 모두 엄청난 조회 수를 기록한다. 심지어 라면만 먹어도 100만 조회 수를 가볍게 넘긴다. 소통으로 형성된 그들의 관계는 보겸의 콘텐츠를 그냥 믿고 보게 만든다.

시청자들에게 '신뢰'를 주는 크리에이터도 있다. 대도서관은 아프리카TV 활동 시절에 시청자들에게 별풍선_{현금화가 가능한 선물용 캐시}을 쏘지 말라고 했다. 그리고는 기업 대상 광고를 받아서 수익을 채우겠다고 선언했다. 별풍선을 요구하는 다른 인터넷 방송인과 대조되는 태도에 시청자들은 그를 신뢰할 수밖에 없었다. 대도서관은 소통 자체를 콘텐츠로 만들기도 했다. '대도서관의 조언' 콘텐츠는 시청자와 소통하는 그의 모습을 엿볼 수 있는 부분이다. 그는 실시간 방송 전반부에 시청자와 일상적인 이야기를 나누는 시간을 가진다. 연애 상담, 학업 상담, 진로 상담, 인생 조언까지 소통의 주제는 매우 다양하다. 조언은 하지만 충고는 하지 않는다. 마음에 없는 소리도 하지 않는다. 진심을 담지 않으면 단 한 명의 시청자와도 소통할 수 없다고 믿기 때문이다. 게임 방송을 할 때에도 시청자와의 소통을 잊지 않는다. 시청자들의 의견에 따라 게임의 방향이나 결말이 달라지기도 한다. 시청자들에게 질질 끌려다닌다는 이야기가 아니라, 진심으로 소통하며 함께 이야기를 만들어나간다는 것이다. 시청자들은 함께 만들어가는 방송에 열광한다.

소통은 방법이나 형식이 중요한 것이 아니다. 기업 회장님과 신입사원이 '소통의 날 행사'를 한다고 당장 소통이 이루어지지 않는 것처럼 말이다. 소통은 기본적으로 공감하는 행위이며, 중요한 것은 소통의 자세이다. 공감하는 자세를 갖고 평소에 구독자의 이야기에 귀 기울이는 연습을 해보자. 그리고 구독자의 마음을 움직여보자.

> ▶ **다섯 번째 핵심 전략**
>
> • 크리에이터는 구독자와의 소통을 통해 그들의 니즈를 파악하고, 상호 긍정적인 관계를 형성할 수 있다.
> • 구독자들에게 솔직하고 친근하게 다가가라. 그들에게 믿음과 신뢰를 주기 위해 노력하고, 진심으로 소통하라.

6단계 채널 운영 3

_적극적으로 광고하고 홍보하라

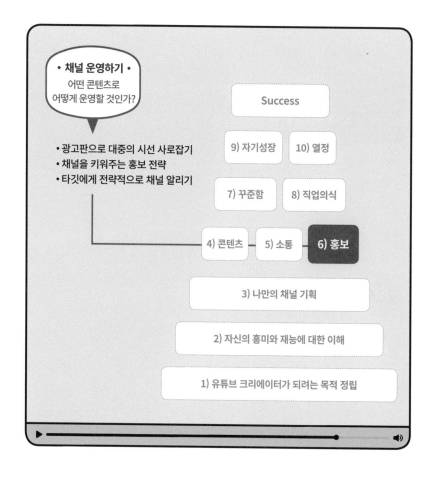

일본 도쿄의 작은 인쇄소에서 새로운 노트를 개발했다. 펼치면 가운데가 볼록하게 솟아오르던 기존 노트와는 달리 평평하게 펼칠 수 있게 된 것이다. 70대 할아버지 두 분이 함께 개발한 이 노트는 특허를 획득하고, 그 품질을 인정받았다. 하지만 홍보 노하우가 없다보니 7천 권이 넘는 노트의 재고는 쌓여만 갔다.

안타까운 상황이 이어지자 한 할아버지의 손녀가 트위터에 해당 노트의 소개글을 올렸다. 반응은 폭발적이었다. 노트에 대한 관심이 집중되며 순식간에 3만 건이 넘는 주문이 몰린 것이다. 그렇게 '할아버지 노트'는 일본에서 화제가 되었다.

어쩌면 특허만 남기고 사라져 버렸을지도 모르는 노트는 손녀 덕에 세상의 빛을 보게 되었다. 손녀의 트위터 한 줄이 제품의 홍보 역할을 톡톡히 한 것이다. 이렇듯 세상에 알리지 않으면 좋은 상품, 좋은 콘텐츠도 빛을 못 보게 마련이다.

광고판으로 시선 사로잡기

유튜브 크리에이터들은 콘텐츠에 공을 들이는 만큼, 이를 알리는 데에도 많은 시간을 투자한다. 특히 광고판과 같은 영상 제목과 섬네일은 모든 크리에이터가 강조하는 부분이다. 유튜브에 접속했을 때 많은 고민을 한다. '유튜브에서 추천하는 영상 중에서 무엇을 선택할 것인가',

'이 채널에 머무를 것인가 말 것인가', '영상을 더 볼 것인가 다른 일을 할 것인가.' 이 짧은 고민의 순간에 결정적인 영향을 미치는 것이 제목과 섬네일이다. 시청자는 모든 영상을 미리 볼 수 없기 때문에 영상의 내용을 예측할 수 있는 이 두 가지 자료를 통해 의사결정을 한다. 따라서 제목과 섬네일은 영상의 얼굴이자 광고이며, 시청자를 유혹하는 기술이다.

주의할 점은 영상과 관련 없는 제목이나 섬네일은 신뢰도를 떨어트려 채널 성장에 부정적인 영향을 준다는 것이다. 상품의 경우 과대광고를 하면 단기간에 소비자의 이목을 끌 수 있지만, 상품의 구매를 이끌지 못한다. 이처럼 흔히 말하는 '어그로' 성격의 제목과 섬네일은 단순히 영상의 조회 수는 높일 수 있지만 시청 시간을 확보할 수 없다. 제목과 다른 영상이 지속되면 시청자는 끝까지 시청하지 않는다. 이렇게 영상을 보고 실망해서 시청자가 바로 나가버리면 채널에 어떤 영향을 줄까?

현재 유튜브 알고리즘이 다른 사람들에게 영상을 추천하는 기준은 조회 수가 아닌 시청 시간이다. 누적된 시청 시간이 높은 채널과 그 콘텐츠를 추천한다. 그래서 자극적인 제목과 섬네일로 조회 수만 높이는 것은 채널 성장에 도움이 되지 못한다. 그리고 배신감을 느낀 시청자들은 이런 영상에 악플 달기를 서슴지 않는다.

이와는 반대로 적절한 제목, 흥미로운 이미지와 함께 올린 좋은 콘텐츠는 틀림없이 사람들의 사랑을 받을 것이다. 그리고 누적된 시청 시간은 채널 성장에 긍정적인 영향을 줄 것이다. 크리에이터는 영상을 업로드할 때 제목, 섬네일, 설명, 태그 등 관련 정보를 기입할 수 있다. 이런 기능을 적극적으로 활용하여 시청자의 시선을 사로잡는 광고를 해보자. 그 핵심을 정리해보면 다음과 같다.

▶ 제목은 콘텐츠의 내용을 압축적이고 매력적으로 제시할 수 있어야 한다. 영상의 주제를 분명히 드러내야 하며, 시청자의 관심을 끄는 내용이 포함되어 있어야 한다.

▶ 섬네일 매력도에 따라 영상의 조회 수가 크게 달라진다. 따라서 섬네일은 꼭 별도로 제작하는 정성을 기울이자. 호기심을 자극하고 눈에 잘 띄는 좋은 이미지와 문구의 조합이어야 한다. 그리고 영상의 매력도를 적극적으로 표현해야 한다.

▶ 영상의 설명은 구체적이어야 하며 해당 영상의 링크 또는 해시태그를 포함해야 한다. 콘텐츠에 대한 구체적인 소개글과 해시태그를 입력하면 검색으로 유입되는 시청자를 늘릴 수 있다.

채널 자체에 대한 광고도 잊지 말자. 채널명과 채널 아트_{채널의 홈 화면에서 상단에 보이는 큰 이미지}, 채널 이미지를 통해 채널의 정체성을 드러내자. 채널아트가 있으면 잘 정비된 느낌을 주어 시청자에게 신뢰를 줄 수 있다.

유튜브 이용자는 실시간으로 수많은 동영상을 추천받는다. 그 속에서 당신의 콘텐츠를 드러내는 방법으로 제목과 섬네일 등을 적극적으로 활용해보자. 이 부분은 글을 읽는 것보다 직접 만들어보고, 유튜브를 돌아다니며 인기 영상의 제목과 섬네일을 살펴보는 것이 도움이 될 것이다.

채널을 키워주는 홍보 전략

오로지 콘텐츠의 품질만 믿고 유튜브 채널 알리기에 나서지 않는 태도는 교만에 가깝다. 인터넷으로 콘텐츠를 공유하는 일은 이제 우리 생활의 일부이다. SNS를 잘 활용하면, 대중의 입소문을 타고 순식간에 몇만 건의 공유가 이루어지기도 한다.

중요한 것은 홍보를 '제대로'하는 것이다. 지인들에게 유튜브 채널을 알리는 것처럼 무작정하는 홍보는 효과를 보기 힘들다. 유튜브 내 알고리즘은 사람들이 영상을 보다가 중간에 꺼버리면 '재미없는 영상'으로 판단해버린다. 그래서 유튜브 채널 또는 영상의 홍보는 타깃이 되는 사람들을 찾아 제대로 해야 한다. 예를 들어, 당신의 영상에 관심을 보일 만한 사람들이 있는 인터넷 게시판, 카페 등을 찾아 영상을 공유할 수 있다. 일본 애니메이션 주제가를 부르는 크리에이터 라온이 운영하는 채널 'Raon Lee'는 일본 관련 커뮤니티를 통해 영상이 급속도로 퍼져 인기를 얻은 사례다.

인스타그램, 페이스북, 블로그 등의 SNS를 활용할 수도 있다. 유튜브 콘텐츠의 링크와 관련 이미지를 다른 플랫폼에 올려보자. 다양한 경로를 통해 유입되는 시청자를 늘릴 수 있고 공유 속도 또한 빨라질 것이다. 과거 활동 경험을 살려, 네이버 지식인 활동을 하면서 질문에 대한 답변을 달아주며 채널을 홍보하는 경우도 있다.

시청자로서의 유튜브 활동을 통해 간접적으로 채널을 홍보할 수도 있다. 크리에이터라면 필수적으로 다른 채널을 방문하여 다양한 콘텐츠를 모니터링해야 한다. 이때 영상 시청 후 적절한 댓글을 작성하면, 당신의 유튜브 아이디와 채널 이미지가 해당 콘텐츠의 하단에 자연스럽게 노출된다. 이렇게 당신이 남긴 발자국이 지나가던 시청자의 발길을 잡을 수도 있다. 당신의 콘텐츠가 매력 있다면 이 발길은 구독으로 이어질 것이다.

오프라인과 연계하여 유튜브 홍보를 하는 방법도 있다. 매장 운영, 강연 활동 등 오프라인 사업을 하고 있다면 영상을 통해 이를 언급할 수 있고, 반대로 오프라인 사업이나 활동 때 유튜브 채널을 알릴 수도 있다.

홍보는 이처럼 다양한 방법으로 이뤄지고, 커다란 파급효과를 가지고 있다. 기억해야 할 사실은, 홍보 전에 콘텐츠의 질이 확보되어야 한다는 것이다. 좋은 콘텐츠에 기반을 두지 못한 홍보는 채널을 '속 빈 강정'으로 만들 뿐이다. 당신의 채널을 방문한 시청자에게 실망감을 안겨주지 말자. 홍보의 효과는 좋은 콘텐츠일 때 비로소 나타난다.

타깃에게 전략적으로 채널 알리기

채널을 알리고 홍보하기 위한 여러 가지 전략이 있겠지만, 두 가지만 언급하려 한다. 첫 번째는 검색 엔진 최적화를 활용하는 방법, 두 번째는 인터넷 커뮤니티를 활용하는 방법이다. 이 두 가지 방법 모두 타깃 시청자를 고려한 전략이다.

검색 엔진 최적화Search Engine Optimization란 검색을 했을 때 자신의 콘텐츠가 상위에 노출되도록 하는 기술이다. 이를 위해서는 콘텐츠와 관련된 온갖 정보에 공을 들여야 한다. 유튜브에서는 영상을 업로드할 때마다 제목, 설명, 섬네일 이미지 등을 등록한다. 영상에만 집중한 나머지, 이 정보들을 소홀히 하는 경우가 있지만, 이 정보들은 시청자와 크리에이터를 연결시켜주는 중요한 통로이다. 특히, 영상의 제목과 설명에 들어갈 적절한 키워드를 선정하는 일이 핵심이다. 유튜브를 비롯한 대부분의 검색 엔진은 키워드를 중심으로 정보를 분류하기 때문이다.

키워드를 선정하는 일이 막막하다면 네이버의 데이터랩DataLab. 또는 구글 트렌드Google Trends 서비스를 활용할 수 있다. 유튜브의 검색창을 활용하는 방법도 간단하지만 꽤 유용하다. 유튜브 검색창에 단어를 입력하면 자동 완성 제안이 뜬다. 예를 들어, '연필'이라고 입력하면 연필 ASMR, 연필 잡는 법, 연필심 아트 등의 키워드를 확인할 수 있다. 유튜브의 자동 완성 제안만 잘 활용해도 영상의 제목에 넣을 효과적인 키워드를 얻거나, 새로운 트렌드와 아이디어에 대한 영감을 얻을 수 있다.

다음은 인터넷 커뮤니티를 활용하는 방법이다. 많은 이들이 유튜브 시작 초반에 지인들을 활용해 구독자와 조회 수를 늘린다. 하지만 이런 '유령 구독자들'은 마음의 위안이 될지언정 채널 성장에는 도움을 주지 못한다. 오히려 이들이 의무감에 영상을 클릭하고, 금세 영상을 종료한다면 채널 평가에 악영향을 줄 수도 있다. 이보다는 앞서 소개한 라온의 사례처럼, 채널의 주제와 관련된 인터넷 게시판이나 카페를 활용하여 홍보하는 편이 더 효과적이다.

이외에도 당신의 채널을 세상에 드러내는 전략은 다양하다. 채널의 특성과 타깃 시청자를 고려하여 자신에게 맞는 전략을 시도해보자. 그 효과에 따라 전략에 변화를 주며 효과적으로 시청자에게 다가가야 한다.

▶ 여섯 번째 핵심 전략

- 영상 제목, 섬네일 등을 적극적으로 활용해 대중의 시선을 사로잡아라. 채널명과 채널아트 부분도 소홀히 하지 말자.
- 좋은 콘텐츠를 기반으로 한 다양한 홍보 방법을 활용하라.
- 타깃 시청자를 고려한 검색엔진 최적화, 인터넷 커뮤니티 활용 등 전략적으로 채널을 홍보하라.

● 호기심을 유발하는 유튜브 제목 및 섬네일 제작 TIP ●

① 질문 형태의 제목

'~할 때 무엇을 골라야 할까?', '부자들의 방은 무엇이 다를까?'와 같이 어떤 주제에 대해 질문 형태의 제목을 붙이면 사람들의 호기심을 자극하기 좋다.

② 숫자를 활용한 제목

'~해야 하는 10가지 방법', '우리가 몰랐던 ~에 대한 비밀 7가지'와 같이 숫자를 활용하여 제목 및 섬네일을 만들어보자. 숫자를 활용하면 정돈된 느낌이 들고, 사람들의 궁금증을 유발하기에 좋다.

③ 꼭 지금 봐야할 것 같은 문구

'지금 당장 ~를 해야 하는 3가지 이유'와 같은 제목은 지금 당장 영상을 보아야만 할 것 같은 느낌을 준다. '절대 ~에 가지 말아야 하는 이유'와 같은 제목은 보지 않으면 '절대적으로' 손해를 입을 것 같은 느낌을 준다. '돈을 부르는 부자들의 사소한 습관'과 같은 제목은 '사소한'이라는 단어를 통해 작은 실천으로 내가 당장 부자로 거듭날 수 있을 것 같은 느낌을 준다. 이와 같이, 사람들의 이목을 집중시킬 수 있는 단어를 적절히 선택하여 활용해볼 수 있다.

채널지속1
_꾸준함과 성실함으로 승부하라

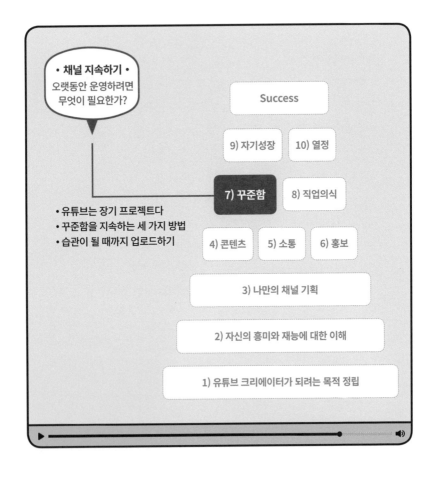

앞서 2장에서 성공한 크리에이터들의 사례를 살펴보았다. 분야에 따라, 개인 특성에 따라, 그들의 성공 방식에는 조금씩 차이가 있다. 대부분 스스로에 대한 이해를 바탕으로 차별화 요소를 만들었다. 그래서 각 채널에는 그들만의 색깔이 묻어난다. 하지만 이들의 성공에는 공통점도 있다. 바로 '꾸준함과 성실함'이 밑바탕이 되었다는 것이다.

꾸준함을 이기는 재능은 없다. 성실은 더 이상 가훈, 급훈에 머물지 않는다. 다른 일에서도 마찬가지이지만 꾸준함과 성실함을 갖춘 노력은 성공의 필수 조건이다. 그럼 유튜브에서 꾸준함이 이토록 중요한 이유는 무엇일까? 한두 개의 영상이 대박나면 바로 유명 크리에이터가 되어 부와 명예를 누릴 것 같은데 말이다.

유튜브는 장기 프로젝트다

수많은 사람이 뛰어드는 유튜브에서 살아남을 수 있는 가장 확실한 전략은 꾸준함이다. 경험자들은 말한다, 유튜브는 '장기전'이라고. 장기 프로젝트를 성공시키려면 채널을 오래 운영해야 하는 것이다.

금방 유명해지려고, 단기간에 많은 돈을 벌기 위해 유튜브를 시작한다면 다시 생각해보는 편이 좋다. 유튜브는 '반짝 스타' 양성소가 아니다. 반짝 스타는 꾸준하게 콘텐츠를 만드는 '성실한 스타'들에게 밀리기 마련이다. 인터넷 스타가 쏟아지는 시대이다. 아무리 끼와 재능이 많아도 좋은 콘텐츠를 끊임없이 만들지 않으면 유튜브에서 설 자리는 없다.

꾸준함이 중요한 또 다른 이유는 구독자와의 신뢰 문제와도 연결된다. 허팝은 2014년부터 지금까지 매일같이 영상을 업로드하고 있다. 그의 영상은 1,300여 개에 이른다. 제이플라는 매주 금요일, 유튜브에 커버곡 영상을 업로드 한다. 주기적으로 업로드하는 영상은 성실함의 실천이자, 구독자와의 약속이다. 그녀는 이렇게 수년 동안 꾸준함으로 구독자들에게 신뢰를 주었다. 앨범 준비와 건강상의 이유로 채널 운영을 잠시 쉴 때에는 궁금증을 가질 구독자들에게 자신의 근황을 알렸다. 이쯤 되면 이들의 성공이 운이라고 말할 수는 없다.

콘텐츠를 올리는 횟수는 크리에이터의 상황이나 여건에 따라 다를 것이다. 매일, 주 1회 등 자신에게 적절한 업로드 횟수를 찾아보자. 그리고 계획한 대로 꾸준하게 업로드를 해보자. 당장 업로드 횟수를 늘리는 것보다 유튜브 크리에이터에게 중요한 것은 오랜기간 '꾸준히 하는 것'이다. 장기전에서 승리하기 위한 전략이자, 소통의 한 방법이다. 이는 유튜브에서 크리에이터가 갖추어야 할 필수 덕목이다.

꾸준함을 지속하는 세 가지 방법

크리에이터는 어느 정도의 기간 동안 채널을 운영해야 할까? 유튜브에서 경쟁력을 갖기 위해 노대체 얼마나 꾸준함을 지속해야 할까? 보통 주 2회 이상 콘텐츠를 업로드하며, 1년 이상 채널을 운영하면 빛을 보기 시작한다는 의견이 많다. 물론 주당 업로드 횟수가 많을수록, 채널 지속 기간이 길수록 시청자에게 노출될 기회가 많을 것이다. 꾸준함을 지속하기 위해서는 마음을 다스리는 일이 중요하다. 여기에 꾸준함을 지속할 수 있는 3가지 방법을 소개한다.

첫째, 유튜브를 하기로 결심했다면 핑곗거리를 없애야 한다. 요즘 유행하는 은어 중에 '닥공의 마음으로 졸꾸하며 존버해야 한다'는 말이 있다. 묵묵히 공부하듯 항상 꾸준히 하는 자세로 될 때까지 버틴다는 뜻이다. 비속어처럼 들릴지라도 이 한 문장에 크리에이터에게 필요한 자세가 모두 담겨있다. 크리에이터가 되기로 결정했다면 방해물을 모두 없애고 유튜브에 매진하는 것이 먼저다.

둘째, 유튜브라는 목표에 집중해야 한다. 케이시 네이스탯은 당시 뉴욕에서 고학력자의 전유물이었던 영상을 독학으로 공부했다. 이런 삶의 태도는 그를 유명 영상 제작자로 만들어주었다. 유튜브를 시작해야겠다고 결심한 뒤부터 매일 자신의 일상을 담은 브이로그 영상을 업로드했고, 1년 만에 구독자 2백만 명을 모았다. 그는 오래 채널을 운영하기 위해 한 가지에 집중함으로써 목표를 이루었다. 그래서 항상 집중의 중요성을 강조해왔다. 더 나은 삶과 성공을 위해 그는 영상에서 다음과 같이 조언했다.

"집중하세요! 집중의 중요성은 과소평가되어 있어요! 당신이 열정을 갖고 있는 일에 정말 집중하고, 여기에 투자한다면 항상 더 좋은 결과가 나올 거예요."

셋째, 좋아하는 소재를 선택하여 채널을 운영해야 한다. 영상을 만들고 채널을 운영하는 과정은 고되고 오랜 시간이 필요하다. 따라서 이를 정말 즐길 수 있어야 꾸준하게 지속할 수 있다. 만약 그 과정을 즐기지 못한다면, 당신의 영상을 보는 시청자도 즐기지 못할 것이다. 따라서 정말 자신이 좋아하는 소재를 중심으로 채널을 운영해야 한다. 채널의 주제가 당신을 즐겁게 만드는지 다시 한 번 스스로에게 물어보자.

습관이 될 때까지 업로드하기

처음에는 시간을 내어 유튜브 채널을 운영하는 일이 정말 '일'처럼 다가올 것이다. 하지만 꾸준함이 반복되면 습관이 된다. 유튜브에 영상을 편집하여 올리는 작업을 습관으로 만들 수 있다면, 이 일은 그저 생활의 일부가 될 것이다.

최근 루틴의 중요성이 강조되고 있다. 늘 걸어야만 생기는 길 루트Route에서 유래한 단어 루틴Routine은 반복되는 일, 절차 등을 의미한다. 모든 일의 성과가 반복적인 실천에서 나온다는 것만 보아도 루틴이 얼마나 중요한지 알 수 있다. 한 사설에서는 '끊임없는 루틴의 수행이야 말로 만사의 왕도'라고 표현한다. 최정상의 운동선수들은 경기가 있는 날은 물론이고, 휴일에도 자신이 정해놓은 루틴을 수행한다. 스스로 정한 연습 동작, 근력 운동 등 하루 연습량을 철저하게 지킨다. 이런 반복적인 연습은 실전 경기에서 최상의 기량을 내기 위한 노력이다. 선수들의 루틴을 통한 몸 관리는 좋은 컨디션을 유지시켜줄 뿐만 아니라 마인드컨트롤 등 정신 건강에도 이롭다.

특정 분야의 전문가가 되기 위해 1만 시간의 연습이 필요하다는 '1만 시간의 법칙'도 루틴의 중요성을 잘 설명해준다. 꾸준함 속에서 특별함이 나오므로 창의성이나 혁신도 루틴이 바탕이 된다. 물론 쉬운 일은 아니다. 그러나 일단 유튜브 채널 운영을, 꾸준함을 넘어 습관으로 만들 수 있다면 당신의 유튜브 성공은 눈앞에 와 있을 것이다.

재능도 꾸준한 노력을 이길 수는 없다. 지속적인 꾸준함으로 승부하며, 주기적인 콘텐츠 업로드로 구독자들에게 신뢰를 주자. 구독자들이 당신의 콘텐츠를 기대하도록 만들고, 그 기대를 저버리지 말자.

▶ 일곱 번째 핵심 전략

- 유튜브는 장기 프로젝트이다. 따라서 필수적으로 꾸준함이 있어야 성공한다. 꾸준함은 성실함의 실천이자, 구독자와 소통의 방법이기도 하다.
- 꾸준히 채널을 운영하기 위한 노력을 기울여라. 핑계 대신, 유튜브라는 하나의 목표에 집중하라. 좋아하는 소재를 다룬다면 가능하다.
- 꾸준함을 넘어 유튜브를 습관으로 만들어라.

8단계 **채널 지속 2**
_영향력에 대한 윤리 의식을 가져라

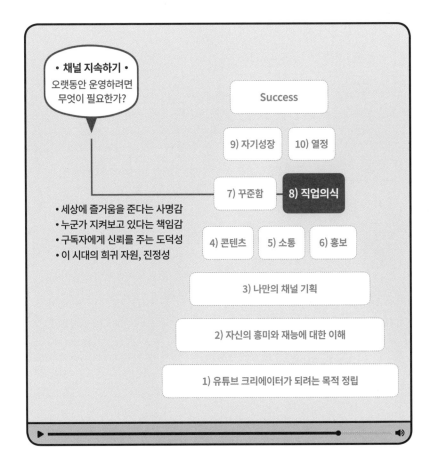

최근 한 유튜버에 대한 내용을 담은 국민 청원이 청와대 게시판에 올라왔다. 타인을 향한 비난과 조롱을 일삼고, 국민을 기만하는 유튜버를 처벌해달라는 내용이었다. 해당 유튜버는 시사평론 콘텐츠로 채널을 운영하다 사회적 공분을 사고, 결국 유튜브 계정이 해지된 인물이었다. 계정이 해지될 당시 그의 구독자는 60만 명에 이르렀다.

유튜브 크리에이터들에 대한 사회적 책임이 점점 커지고 있다. 이들의 영향력이 미미했을 때는 대중의 관심이 적었고, 규제에 대한 목소리도 없었다. 하지만 유튜브 이용 시간의 폭발적인 증가와 함께 채널이 다양화되면서 비하 발언, 가짜 뉴스 등 여러 가지 문제가 발생하고 있다. 유튜브 크리에이터는 이제 공인과 마찬가지로 책임 있는 자세를 요구받고 있다. 그러나 돈을 바라보고 유튜브에 달려드는 사람이 많은데 비해, 직업으로서 크리에이터를 바라보는 인식은 부족한 실정이다. 크리에이터에 대한 직업 윤리도 정립되지 않아 당사자인 크리에이터도 시청자도 혼란스러운 상황이다.

유튜브 크리에이터는 어떤 자세를 가지고 이 일에 임해야 할까? 현직 크리에이터들의 사례를 살펴보고, 직업윤리 관점에서 이들의 역할에 대한 고민이 필요한 시점이다.

세상에 즐거움을 준다는 사명감

자신이 맡은 일에 대한 투철한 사명의식을 가진 사람은, 힘든 업무도 보람으로 받아들인다. 그리고 자신의 일을 충실하게 수행한다. 크리에이터들은 어떤 사명감을 가지고 유튜브 활동을 하고 있을까?

유튜브 채널 운영은 기본적으로 콘텐츠를 제작해서 보급하는 작업이다. 크리에이터들은 이 세상에 새로운 콘텐츠를 공급하는 일을 한다. 시청자들에게 재미와 정보를 전달하고, 영상 자료를 통해 세상에 이로움을 준다. 크리에이터는 문화 창작자, 지식 전달자로서의 가치를 지니고 있다.

도티는 TV에서 본 '문화를 만듭니다'라는 슬로건에 꽂혀 1인 방송을 시작했다. 그리고 그의 콘텐츠는 초등학생에게 위안과 위로가 되어주었다. 영상을 만들어 유튜브에 올리는 일은 '누군가의 소중한 시간을 책임지는 가치 있는 일'이라는 생각을 했고, 자기 일에 대한 사명감을 느꼈다. 이러한 그의 철학과 사명 의식은 도티를 우리나라 대표 게임 크리에이터로 성장시켰다.

누군가 지켜보고 있다는 책임감

크리에이터의 책임감은 막중하다. 무심코 올린 영상을 수많은 사람들이 시청할 수 있기 때문에 콘텐츠의 내용은 정확해야 한다. 사회적인 혼란을 야기하거나, 잘못된 개념을 심어주지 않도록 주의가 필요하다. 크리에이터의 말, 행동 그리고 복장까지도 대중에게 영향을 줄 수 있다.

보겸은 그의 방송에서 자신이 명품 옷을 입지 않는 이유를 설명한 적이 있다. 고가의 옷을 입고 시청자들과 소통하면 10대들이 똑같은 옷을 구매하려고 한단다. 그러면 10대와 그들의 부모에게 부담으로 다가갈 것을 알기에 방송할 때는 명품을 입지 않는다는 것이다. 인플루언서로서 자신의 영향력에 책임감을 느끼고 있음을 짐작할 수 있다.

이외에도 크리에이터들은 콘텐츠 정화에 대한 책임감이 필요하다. 비방과 욕설이 난무하는 콘텐츠, 지나치게 자극적인 콘텐츠의 유혹에서 벗어나야 한다. 재미, 감동, 정보를 줄 수 있는 문화적으로 우수한 콘텐츠를 제작하기 위한 노력들이 더 이루어졌으면 하는 바람이다.

구독자에게 신뢰를 주는 도덕성

크리에이터의 도덕성과 윤리 의식도 매우 중요한 문제이다. 직업 윤리는 물론이고, 크리에이터와 구독자 사이의 신뢰와도 밀접하게 연관되어 있다. 유튜브에는 순식간에 구독자가 수백 명씩 감소하고 대중의 뭇매를 맞는 이들이 있다. 이런 크리에이터들은 사회적인 물의를 일으키거나 구독자와의 약속을 지키지 않는 경우이다. 크리에이터의 변명과 거짓말은 시청자들에게 배신감을 안겨줄 뿐이다.

채널의 콘텐츠가 무엇인가보다 그 운영자가 누구인지가 더 중요해지는 시점이 있다. 대형 유튜브 크리에이터에 해당하는 이야기지만 그쯤 되면 구독자는 '팬심fan心'으로 영상을 시청한다. 오직 그 사람 때문에 영상을 시청하는 것이다. 만약 본의 아니게 물의를 일으켰다면, 해명 영상이나 사과 영상을 통해 시청자를 이해시켜야 한다. 사안이 심각한 경우에는, 사과의 뜻을 전하고 자숙의 시간을 갖는 것도 도움이 될 수 있다.

크리에이터는 콘텐츠가 윤리적으로 문제가 없는지도 잘 살펴야 한다. 유튜브는 개인의 의견을 자유롭게 표현할 수 있는 공간이지만, 타인에 대한 근거 없는 비방과 선동은 좋은 모습이 아니다. 날선 비판, 자극적인 '디스전disrespect戰' 통해 얻은 인기는 오래가지 못한다.

2019년 초, 페미니즘을 중심으로 많은 유튜브 콘텐츠가 생산되면서 수많은 논란 역시 확대 재생산되었다. 이 과정에서 페미니즘 성향을 보인 일부 크리에이터는 많은 조회 수를 얻었다. 하지만 주의해야 한다. 단지 조회 수만을 위해 이런 흐름에 동참하려 한다면 다시 생각해보자. 사회적으로 민감한 주제를 다룰 때는, 확실한 논리와 정확한 자료를 바탕으로 자신의 의견을 개진해야 한다. 이를 이용하려다가 잘못하면 역풍을 맞을 수도 있다.

타인의 지식 재산권이나 저작권에 저촉되지 않는지도 살펴보아야 한다. 타인에 의해 신고를 당한 콘텐츠는 유튜브에서 제재한다. 참고로 콘텐츠에서 사용된 음악의 경우, 유튜브 시스템에서 자동적으로 저작권 저촉 여부를 판단한다. 저작권에 저촉되었다고 판명된 콘텐츠는 수익 창출이 제한된다.

이 시대의 희귀 자원, 진정성

변화경영 전문가 구본형은 스스로를 세상에 긍정적이고 매력적으로 어필할 수 있는 방법으로 진정성을 꼽는다. 진정성은 이 시대의 가장 영향력 있는 비즈니스 용어이며, 진실은 희귀한 자원이라고 강조한다.

TV 방송과 광고에서 이런 시대 흐름을 확인할 수 있다. '리얼'과 '야생'을 강조하던 TV 프로그램은 이제 '관찰'을 전면에 내세워 프로그램의 자연스러움, 진정성을 강조한다. 꾸밈없는, 적어도 꾸밈없이 보이는 프로그램을 시청자들에게 선보인다. 브랜디드 콘텐츠Branded Contents(크리에이터가 대상 제품을 콘텐츠의 소재로 삼아 적극적이지만 자연스럽게 브랜드를 노출하는 광고)는 이것이 광고인지 아닌지 보는 이를 헷갈리게 한다. 기업들이 제품보다 이미지 광고에 집중하는 것도, 진정성이 중요한 시대가 도래했기 때문이다. 진정성은 이 시대의 경쟁력이다.

비슷한 맥락에서 부적절한 말과 행동을 해서 대중에게 실망감을 안겨주었을 때도 진정성이 중요하다. 실수를 무마하기 위해 거짓을 일삼다가 영영 돌아오지 못한 크리에이터도 있고, 자신의 잘못을 솔직하게 인정하여 다시 지지를 얻은 경우도 있다.

대중의 응원을 받는 크리에이터일수록 솔직함과 진솔함으로 다가간다. 고령의 나이에 유튜브 채널을 운영하는 한 크리에이터는 솔직한 모습으로 시청자에게 매력을 어필한다. 방송에서 일상생활에서처럼 정감 있는 욕을 섞어 이야기하는 것이다. 인스타그램에 띄어쓰기와 맞춤법을 무시하고 자신의 감정과 느낌을 솔직하게 적어 포스팅하기도 한다. 크리에이터와 시청자 사이에 어떠한 필터도 없이, 있는 그대로의 자신의 모습을 보여준다.

이제 솔직하면 통하는 시대이다. 진정성은 세상에 스스로를 드러낼 수 있는 전략인 동시에, 유튜브 크리에이터가 시청자의 마음을 여는 전략이다. 당신이 솔직하고 자연스러운 모습으로 시청자에게 다가서야 하는 이유이다.

우리 사회가 요구하는 크리에이터는 어떤 모습일까? 우리 모두는 함께 이 인물상을 만들어가고 있다. 크리에이터는 공인임을 자각하고 윤리적인 모습을 보이기 위해 노력해야 한다. 카메라 앞에서 가식적인 모습을 보이라는 게 아니다. 있는 그대로의 자기 개성을 드러내되, 도덕적으로 성숙한 모습을 보여야한다. 시청자가 불쾌함을 느끼지 않아야 하는 것이다. 만약 잘못된 부분이 있다면 인정하는 자세도 필요하다.

유튜브는 자유롭게 자신의 의견을 밝히고, 일상을 공개할 수 있는 공간이다. 하지만 구독자가 늘수록 크리에이터는 책임감 있는 모습을 보여주어야 한다. 자신의 영향력에 맞는 도덕성과 윤리 의식을 갖출 때,

그 채널은 더욱 성장할 수 있을 것이다.

> ▶ **여덟 번째 핵심 전략**
>
> - 크리에이터가 어떤 사명감을 가지고 유튜브에 임하느냐는 중요한 문제이다.
> - 크리에이터는 자신의 영향력에 대한 책임감 있는 모습을 보여야한다.
> - 도덕성을 갖춘 크리에이터는 구독자에게 신뢰를 준다.
> - 진정성은 이 시대의 중요한 경쟁력이다. 구독자에게 솔직함과 진솔함으로 다가가라.

9단계　　채널 도약 1

_유튜브를 자기 성장의 기회로 삼아라

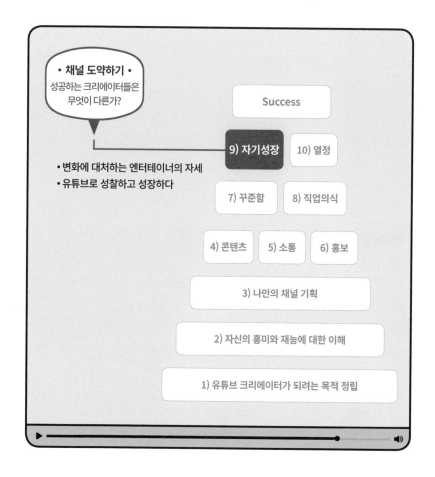

유튜브에서는 남녀노소 누구나 영상을 제작하여 올리고, 구독자를 모을 수 있다. 평범한 사람도 스타가 될 수 있는 시대이다. 10만 명 이상의 구독자를 확보하면 그 영향력이 웬만한 방송사 프로그램 부럽지 않은 수준이라는 말도 있다.

유튜브 생태계에 집중된 관심은 일반인들에 머물지 않는다. 연예인들도 1인 미디어에 뛰어들기 시작한 것이다. 기획사 차원에서 소속 연예인의 유튜브 채널을 관리하는 경우도 있으며, 연예인들 스스로 유튜버가 되는 사례도 빠르게 늘고 있다.

브라운관을 넘어 1인 미디어에 뛰어든 연예인 크리에이터들의 사례를 중심으로, 유튜브가 어떻게 자기 성장의 기회로 이어질 수 있는지 살펴보자.

변화에 대처하는 엔터테이너의 자세

최근 미디어계의 화두는 단연 1인 미디어이고, 이제는 거스를 수 없는 흐름이자 문화의 중심이 되었다. 이와 같은 미디어 패러다임의 변화를 빠르게 인지한 연예인들은 일찍이 유튜브 스타가 되었다. 사실 연예인들이 설 수 있는 자리는 애초에 많지 않았다. 방송국에서 불러주기만을 기다리던 그들은 이제 변화를 읽고 대응하며 스스로 설 자리를 만들고 있다.

개그맨 강유미는 '좋아서 하는 채널'을 통해 여행, 먹방, 뷰티 등 다양한 매력을 뽐내고 있다. 개그맨 송은이는 김숙과 함께 '비보 TV' 채널을 만든 뒤 공중파 라디오와 각종 TV 프로그램으로 역진출했다. 가수들도 유튜브를 통해 음악, 일상 등을 공유하고 있다. 배우로는 신세경, 인교진이 대표적이다.

성공한 연예인 크리에이터들의 활약은 그들 스스로 활로를 개척했다는 데에 의미가 있다. 기존의 연예인들은 방송사의 선택을 받아 프로그램을 진행하는 데에 그쳤다. 그러나 이제 개인이 기획을 하고 방송을 할 수 있다. 경쟁력만 있다면 개인 자체가 콘텐츠가 될 수도 있다. 더 힘차고 진솔하게 자기 목소리를 낼 수 있다. 이것이 바로 1인 미디어의 힘이자, 미래 미디어의 방향이다.

사실 TV는 조금씩 죽어가고 있다. TV 시청률은 브라운관의 등장과 함께 수십 년간 꾸준히 성장했다. 그러나 2009년에 최고점을 찍은 이후에는 하락세를 보이고 있다. 반면 디지털 영상 관련 기업, 1인 미디어 관련 기업은 두 자리 수 성장률을 보인다. 물론 TV가 완전히 사라지지는 않을 것이다. 미디어 패러다임이 변하고 사람들의 관심은 1인 미디어에 집중되겠지만, 이 둘은 균형점을 찾을 것이다. 다만 공중파 방송에서 시청률 60%을 기록하는 일은 없을 전망이다.

처음 유튜브의 세계에 뛰어든 연예인들이 미디어의 변화를 정확히 예측하여 유튜브를 비롯한 1인 방송을 시작했을까. 누군가는 선견을 갖고 시작했을 수도 있다. 또 누군가는 재미 삼아 시작했을 수도 있다. 결과적이긴 하지만, 그들은 남보다 빨리 변화에 대응했고 살아남았다.

연예인뿐만 아니라 TV 방송사들도 변화에 대응하기 위해 움직이고 있다. TV가 아닌 유튜브 등의 플랫폼을 통해 예능을 방영하는 웹 예능, 하나의 콘텐츠 데이터를 여러 매체에 출력하는 크로스미디어 등 대응 방법도 다양하다. 요즘 대세인 '와썹맨'은 웹 예능의 성공 사례이다. 가수 박준형이 다양한 곳을 방문하거나 아이템을 직접 체험하고 소개하는 콘텐츠다. 기존의 TV 예능 프로그램에서 파생된 이 채널은 방송사의 도전이자 실험이다. 변화에 대한 적극적인 반응인 것이다.

변화에 대응하는 데는 방향성과 속도가 모두 중요하다. 먼저 과거, 현재를 통해 변화의 흐름을 파악하고 미래를 준비할 수 있는 방향을 잡아야 한다. 그리고 속도는 남보다 빨라야 한다. 변화에 가장 적극적으로 대응하는 개인이나 기업이 살아남는다.

오로지 유튜브에만 집중하라는 이야기가 아니다. 전문가들은 현재 유튜브가 선점 효과를 누리고 있지만, 변화에 대응하지 못하면 언제라도 그 자리를 내어줄 수 있다고 말한다. 시대의 흐름에 대처하지 못하면 개인도, 기업도, 이미 시장을 선점한 플랫폼도 오래 가지 못한다. 미래는 남들보다 빠르게 변화를 받아들이고 행동하는 사람들의 손에 있다. 이것이 미디어 변화에 대처하는 그들의 자세를 통해 우리가 배울 수 있는 교훈이다.

유튜브로 성찰하고 성장하다

의외의 계기로 유튜브를 시작한 사람들이 많다. 도티는 취업 이력서에 넣을 특별한 한 줄을 넣기 위해 1인 방송을 시작했다. 밴쯔는 대학교 편입 면접 준비를 위해 첫 방송을 시작했다. 우연히 시작한 유튜브는 이들에게 경제적인 이득과 새로운 직함을 주었다. 또한, 기대치 않은 자기 성장의 기회가 되기도 한다. 개그맨 김준호는 후배 개그맨들에게 유튜브 진출을 적극 권장한다. 그는 유튜브 채널 운영의 가장 좋은 점이 "자기계발과 자기 트레이닝이 되는 점"이라고 말한다.

개그맨 김기수는 몇 년간 방송일이 없어 중국에서 DJ를 하다가 뷰티 유튜버를 시작했다. 그는 유튜브를 하며 자신도 몰랐던 자신의 새로운 모습을 발견했고 자아 성찰의 기회를 가졌다고 한다. 그의 채널을 통해 화장을 배우고 예뻐지면서 우울증을 극복한 구독자들의 사례를 통해 서로 긍정적 영향력을 주고받기도 한다. 악동뮤지션의 수현은 유튜브 채널 '모찌피치'를 통해 직접 기획한 뷰티 관련 영상을 업로드하고 있다. 뷰티 유튜버가 되는 것이 제2의 꿈이라고 밝힌 수현은 유튜브를 통해 또다른 자아실현을 해 나가고 있다. 그녀의 솔직하고 친근한 모습에 이끌린 구독자는 90만이 넘는다.

연예인들의 유튜브 진출은 그들 개인의 성장을 넘어 1인 미디어 산업의 확장에도 영향을 미치고 있다. 1인 미디어 활성화에 긍정적인 영향을 주고 있는 것이다.

유튜브는 유튜브를 넘어 새로운 곳으로 크리에이터를 인도하기도 한다. 1장에서 소개했던 채널 '캐리와 장난감 친구들'과 같이 TV 프로그램과 뮤지컬뿐만 아니라 해외로 진출한 사례도 있다. 장난감 언박싱으로 유명한 라이언은 이제 유튜브는 물론 월마트에서도 만날 수 있다. 크리에이터 '노잼봇'은 경찰 공무원을 준비하다가 자신의 공부 영상이 유명해지자 크리에이터로 전향한 사례이다. 공부 유튜버에서 이제는 브이로그, 요리, 노래 등을 통해 구독자들과 만나고 있다. 그는 크리에이터이자 아이돌 가수에 못지않은 인기를 누리는 스타이다.

유튜브는 당신에게 새로운 기회로 나아갈 수 있는 문을 선사할 것이다. 이는 퍼스널 브랜딩이 될 수도, 새로운 사업이 될 수도, 새로운 인연이 될 수도 있다. 쉬운 일은 아니지만, 충분히 도전할 가치가 있는 것이 유튜브가 아닐까 생각한다. 유튜브로 자신을 표현하고, 이를 자기 성장의 기회로 만들어보자.

▶ **아홉 번째 핵심 전략**

- 변화를 받아들이고 빠르게 대처해야 한다. 이를 통해 더욱 성장하고 미래를 준비할 수 있다.
- 유튜브가 인생의 터닝포인트가 될 수 있다. 콘텐츠 제작을 자기 성장의 기회로 만들어라.

10단계 채널 도약 2

_거대 채널로 만드는 크리에이터의 자세

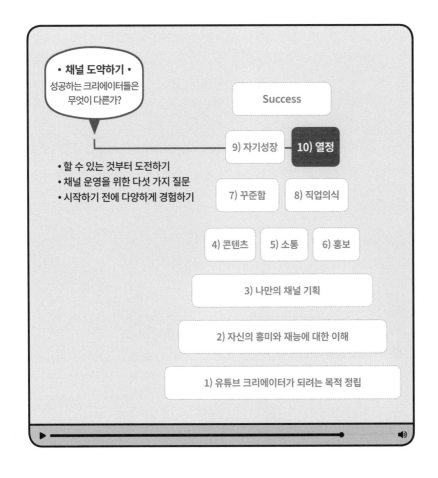

누구나 처음에는 뜨거움을 가지고 있다. 모든 일에는 패기 가득한 시작이 있다. 이 '신입의 패기'는 일정 기간 지속되며, 새로운 경험과 성장의 기회를 제공한다. 시간이 지나 무지無知가 지식으로 바뀌고, 두려움이 노련함으로 치환될 즈음 신입은 더 이상 신입이 아니다.

매너리즘이 선사하는 편안함은 달콤하다. 반대로 패기 가득한 성장의 시간은 쓰디쓰다. 인내는 쓰고 열매는 달다지만, 열매를 맛보는 순간은 너무도 찰나의 순간이다. 열매를 얻기 위해 태양 아래에서 견딘 긴 시간에 비하면 말이다. 어쩌면 인내하지 않음이 더 달콤할지도 모를 일이다.

길고 힘든 시간을 견뎌야 하기에 남다르게 성공하기란 쉽지 않다. 더 성장하는 사람들은 다른 무엇을 가지고 있다. 남들보다 특별히 더 성장하는 이들이 지닌 자세는 다름 아닌 식지 않는 '열정'이다. 성공하는 크리에이터, 그들에게는 남다른 열정이 있었다. 자신 그리고 유튜브 성장에 대한 열의와 열망이 있었다. 이 뜨거움은 그들이 자리를 박차고 일어나 새로운 세계로 나아가는 길을 열어주었다.

할 수 있는 것부터 도전하기

'도전'이라는 말은 그 자체로 거대한 느낌이 있다. 들으면 당장 에베레스트 등반이라도 해야 할 것 같은 기분이 든다. 하지만 모든 도전은 아주 작은 행동에서 시작한다. 행동은 도전의 과정이며, 꿈을 현실로 만들기 위한 방법이다. 미루지 않고 지금 당장 행동하면 그게 도전인 것이다.

댄스 크리에이터 고퇴경은 자신의 경험을 바탕으로 사람들에게 도전을 권한다. 다음은 그가 한 인터뷰에서 남긴 말이다.[*]

> "틈날 때마다 할 수 있는 건 몽땅 도전해 보세요. 정말 엉뚱한 분야에서 본인조차 몰랐던 재능이 드러날지도 모르니까요. 전 저보다 재밌는 영상 잘 만들 수 있는 분도 많을 거라 생각해요. 시도해보지 않아 그 잠재력을 모르고 있을 뿐이죠."

이 책을 읽고 있는 당신이 새로운 도전을 멈추지 않았으면 한다. 본업과 관련 없어도 좋다. 정말 하고 싶은 일을 아직 찾지 못했다면 새로운 분야에 도전해보자. 그리고 도전의 한 방향이 유튜브가 될 수도 있을 것이다. 생각만하지 말고 행동하자. 일단 행동에 옮기면 그게 바로 도전이다.

---

[*] 문현웅, "내려놓은 '정신줄'… 오히려 그게 약이 된 스타 약대생", 조선닷컴, 2017.10.20, http://news.chosun.com/misaeng/site/data/html_dir/2017/10/20/2017102001198.html

채널 운영을 위한 다섯 가지 질문

모든 것은 질문에서 시작한다. 질문은 생각의 도구, 혁신의 무기이다. 질문은 당연한 것을 당연하다고 여기지 않는 데서 출발한다. 끊임없이 질문하는 사람은 현실에 머무르지 않는다. 무엇을 하든 끊임없이 질문을 던지던 대도서관도 그랬다. 다니던 직장에서 한계에 도달했다고 느꼈을 때는, 이 상황을 극복하기 위한 방법을 고민했고 그 해답이 유튜브였던 것처럼 말이다.

유튜브 채널을 운영하는데 있어서도 질문하는 태도는 중요하다. 예를 들어, 다음과 같은 질문을 통해 채널의 운영 방안을 돌아볼 수 있을 것이다.

▶ 유튜브 채널의 주제가 정말 나를 즐겁게 하는 것인가?

▶ 채널의 콘텐츠는 시청자들이 시간을 들여 볼만한 가치가 있는가?

▶ 댓글, 타 채널 방문 등 소통을 통해 시청자와 충분히 교감하고 있는가?

▶ 콘텐츠를 어느 플랫폼에서, 누구에게, 언제, 어떻게 노출하는 것이 효과적인가?

▶ 특정 콘텐츠의 조회 수가 유난히 적은(또는 많은) 이유가 무엇인가?

질문한 후에는 이에 대한 나름의 답을 찾아보자. 그리고 다음 콘텐츠에 어떻게 반영할 것인지 고민해보자. 당신이 찾은 답이 정답이 아니어도 좋다. 질문하고, 답을 찾고, 고민하는 과정에서 문제점을 파악하고 새로운 전략을 수립할 수 있다. 끊임없이 질문과 고민을 반복하다 보면 어느새 성장해있는 당신의 채널을 발견할 수 있을 것이다.

시작하기 전에 다양하게 경험하기

인간은 경험으로 성장한다. 우리는 경험하지 못한 것을 생각해내지 못한다. 경험은 당장 그 효과가 나타나는 즉효약이 아니지만, 오랜 시간의 경험이 모이면 큰 효과를 발휘한다. 또한 경험을 통해 새로운 기회로 나아갈 수도 있다. 시판되는 간식을 리뷰하는 것으로 출발했던 허팝이 지금은 키즈 크리에이터, 실험 크리에이터로 불리는 것은 경험을 하면서 채널을 변화, 발전시켰기 때문이다.

크리에이터를 꿈꾸는 어린 학생들은 다양한 경험을 해보는 것이 특히 더 중요하다. 경험은 세상을 보는 눈과 사고의 폭을 넓혀준다. 그리고 자신에 대해 바르게 이해하도록 도와준다. 성인이 되어서도 자신이 무엇을 잘하고, 좋아하는지 모르는 경우가 많은데 직ㆍ간접의 경험이 쌓이면 도움을 받을 수 있다. 이러한 과정 없이 그저 게임이 좋아 게임 크리에이터를 한다면, 그 채널은 오래가지 못할 것이다.

직장인이라면, 회사에서의 경험을 동력으로 삼아 크리에이터가 될 수도 있다. 직장에서 기획, 편집, 홍보 등의 업무를 하며 유튜브 크리에이터가 필수적으로 갖추어야 할 기술을 익히거나 경우에 따라서는 아예 콘텐츠 소재를 얻을 수도 있다. 최근 전·현직 공무원들이 운영하는 유튜브 채널이 늘고 있는데, 이들은 공직 경험을 살려 그들만이 할 수 있는 콘텐츠를 만들고 있다.

성공한 크리에이터들은 여기서 제시한 노하우 외에도 다양한 성공 전략을 가지고 있을 것이다. 도전, 질문, 경험은 일부 부각된 요소만을 간추려 놓은 것이다. 다만 이와 같은 것들이 가능했던 이유는, 좋은 채널은 운영하고 싶다는 그들이 '열정'적인 자세가 있었기 때문이라는 것을 강조하고 싶다. 수많은 크리에이터와 영상을 만나면서 독자 여러분들이 찾은 또 다른 성공 전략은 무엇인지 궁금하다.

한 가지 더, 혹시 아직도 유튜브에 뛰어들지 말지 고민이 되는가? 혹시 유튜브를 시작하기에 이미 늦었다고 생각하는가? 유튜브에서 늦은 때란 없다. 앞으로 자동화, 기계화 등의 영향으로 점점 사람들이 콘텐츠를 이용하는 시간이 늘어날 것이다. 세계 거대 기업들은 콘텐츠 산업에 막대한 돈을 투자하고 있다. 다양한 분야에서 미디어에 대한 수요가 커질수록 콘텐츠 관련 산업은 꾸준히 성장할 것이다. 이 블루오션에 당신도 크리에이터로서 당당하게 설 수 있다. 시작하지 않으면, 도전하지 않으면 아무것도 이루지 못한다.

▶ 열 번째 핵심 전략

- 생각만 하지 말고 일단 도전하라. 숨어있는 잠재력이 나올지 모른다.

- 유튜브 채널 운영에 대해 질문하고 답을 찾는 과정을 반복하라. 이 과정을 통해 채널이 성장할 것이다.

- 다양한 경험을 통해 크리에이터가 되기 위한 기본기를 다져라.

4장

'좋아요' 길을 걷는 유튜브의 현재와 미래

▶ 1. 유튜브 영상 트렌드의 역사

유튜브 최초의 동영상은 무엇일까? 2005년 4월에 업로드된 〈Me at the zoo〉라는 영상이다. 19초 분량의 이 영상에서는 한 남자가 등장해 동물원의 코끼리를 보며 이렇게 이야기한다.

"우리는 지금 코끼리 앞에 있는데요. 이 녀석들이 멋진 건 정말, 정말, 정말 긴 코를 가지고 있다는 겁니다. 정말 멋져요."

이게 전부다. 별다른 이야기도 볼거리도 없다. 이제는 기념비적 자료가 되어버린 이 영상의 주인공은 조드 카림Jawed Karim이다. 그는 유튜브 공동 창업자이기도 하다.

유튜브는 작은 필요, 작은 아이디어에서 시작되었다. 친구들과 모임에서 찍은 동영상을 공유하는 일이 번거롭다고 느낀 세 명의 젊은이들은 직접 동영상 사이트를 만들기로 했다. 그렇게 스티브 첸Steve Chen과 채드 헐리Chad Hurley, 조드 카림이 뭉쳤고 오래 지나지 않아 유튜브 서비스가 출시되었다. 2005년의 일이었다.

이후 유튜브는 지속적인 서비스 개선과 구글의 인수 등을 거쳐 현재에 이르렀다. 그리고 지금까지 거의 15년 동안 영상 트렌드도 계속 바뀌어왔다. 이와 같은 유튜브 영상의 트렌드를 한 눈에 확인할 수 있는 통로가 '유튜브 리와인드Youtube Rewind'이다. 2010년에 시작해 매년 12월이 되면 유튜브 리와인드 영상이 공개된다. 이 영상은 한 해를 되짚어 보는 의미로 유튜브에서 공식적으로 내놓는 영상 시리즈이다. 이를 통해 그 해를 뜨겁게 달군 영상과 트렌드, 이슈를 알 수 있다. 개별 영상을 넘어 영상 유행의 흐름도 확인할 수 있다. 또한 해외 유튜브 동향을 살필 수 있는 자료이다. 초반에는 그저 인기 영상을 이어 붙여 보여주는 식이었지만, 2012년부터는 인기 영상과 노래를 리믹스해 새로운 볼거리를 만들어내고 있다.

2012~2015년 : Now Watch Me

2012년 리와인드 영상에서는 당시 유튜브 최고 조회 수를 기록한 싸이의 〈강남스타일〉이 눈에 띈다. 게임과 음악 관련 채널의 인기를 이때도 확인할 수 있다. 당시 개최되었던 2012 런던 올림픽 관련 장면들도 등장한다. 올림픽이 세계인의 축제인 만큼 유튜브 콘텐츠에도 영향을 준 것이다.

2013년 리와인드 영상에서는 'Blurred Lines', 'The Fox' 등 다수의 음악이 리믹스 되어 배경음악으로 흐른다. 초고속카메라로 찍은 독특한 영상 콘텐츠를 제작하는 'The Slow Mo Guys' 채널의 개빈 프리와 댄 그루치Gavin Free · Dan Gruchy를 비롯한 다양한 크리에이터를 만날 수 있다.

2014년에는 구독자 수 세계 1위, 퓨디파이가 출연한다. 그는 2013년 리와인드 영상 마지막 장면에 잠깐 등장한 것을 시작으로 그는 거의 매해 리와인드 영상에 출연해왔다. 부적절한 언행으로 언론의 비판을 받기 전까지 말이다. 릴리 싱Lilly Singh, 타일러 오클리 등 국내에도 이름이 알려진 유튜브 크리에이터도 볼 수 있다. 애니메이션 「겨울왕국」 OST로 유명한 'Let It Go'와 〈아이스버킷 챌린지〉도 등장한다.

2015년 리와인드에는 'Watch Me' 음악에 맞추어 춤을 추는 모습이 반복적으로 나온다. 이 춤은 세계적인 인기를 끌었고, 많은 사람들이 춤추는 자신의 모습을 유튜브에 공유했다. 여러 시청자와 크리에이터가 콘텐츠를 만들고, 공유하고, 소통하며 새로운 창작물을 끊임없이 만들어냈다. 2015년은 일본 크리에이터들의 활약이 돋보였고, 국내에서는 '씬님'이 리와인드 영상에 등장했다.

2016년부터 2018년까지 유튜브에서 공개한 리와인드 영상은 조금 더 자세하게 살펴보자. 참고로 채널 'YouTube Rewind(한국)'에 방문하면 모든 리와인드 영상은 물론 매년 국내외 TOP 10 인기 동영상을 확인할 수 있다.

2016년 : The Ultimate 2016 Challenge

이 시기는 증강현실 게임 '포켓몬 GO'가 세계적인 트렌드였다. 리와인드 영상에는 어김없이 포켓몬고 장면이 등장한다. 구매한 상품을 개봉하는 언박싱 콘텐츠가 대세였음을 상징하는 장면도 등장한다. 그리고 인도 및 일본 크리에이터들이 다수 보인다.

국내를 넘어 세계에 웃음을 주었던 'PPAP' 아저씨도 볼 수 있다. 그는 일본의 개그맨으로 '펜-파인애플-애플-펜'이라는 특별한 가사와 비트로 중독성 있는 영상을 만들어 세계적인 스타가 되었다. 수많은 패러디 영상이 쏟아졌으며, 이 영상은 2016년 인기 동영상 2위에 올랐다. 3장에서 언급했던 시청자 참여를 유도하는 콘텐츠이자, 공유할 가치를 가진 콘텐츠, 그래서 빠르게 공유되고 확산되는 바이럴 콘텐츠의 좋은 예이기도 하다.

2016년에는 유난히 많은 챌린지가 유행했다. 아무 움직임 없이 정지 동작을 유지하는 〈마네킹 챌린지〉, 음악에 맞추어 제자리에서 달리는 동작을 보여주는 〈런닝맨 챌린지〉, 플라스틱 물병을 던져 세우는 〈물병 세우기〉 등의 영상이 세계 각지에서 업로드 됐다.

케이시 네이스탯과 듀드 퍼펙트 팀도 리와인드 영상에 등장한다. 케이시 네이스탯이 에미레이트 항공의 퍼스트 클래스를 이용하는 영상은 2016년 인기 동영상 9위, 듀드 퍼펙트의 물병 세우기 도전 영상은 5위를 기록하기도 했다.

2017년 : The Shape of 2017

영상 초반에 수십억 조회 수를 얻은 음악 'Despacito', 'Shape of You'를 들을 수 있다. 이런 곡들은 원곡 가수뿐만 아니라, 커버송을 부른 이들에게도 큰 인기를 안겨주었다. 우리나라의 제이플라도 위의 두 곡을 커버하여 억 단위의 조회 수를 기록했다.

아이들의 장난감으로 큰 인기였던 피젯 스피너와 액체 괴물이 영상 중간에 수시로 등장한다. 놀이 도구가 유튜브 영상의 한 트렌드가 된 것을 통해 유튜브 속 10대 시청자들의 영향력을 확인할 수 있다. 엄마와 장난감 리뷰 채널을 운영하는 라이언도 아주 잠깐이지만 그 모습을 드러낸다.

거의 매년 등장하는 개그 콤비 'Smosh'가 보이고, 'KSI'와 'DanTDM' 채널 등의 게임 크리에이터가 어김없이 등장한다. 이전 해에 비해 개성 있는 터키 크리에이터들의 활약이 눈길을 끈다. 독특한 캐릭터의 터키 요리사 Salt Bae'Street Food Dream Food'채널, 우리나라 연예인 및 청소년들 사이에서 인기였던 〈백팩 키드 춤〉과 관련된 모습도 보인다. 국내 크리에이터로는 밴쯔, 허팝, 대도서관, 악어 등을 확인할 수 있다. 지속적으로 아시아 크리에이터들의 비중이 늘고 있다는 것을 확인할 수 있으며, 이 경향은 2018년에도 이어진다.

2017년 세계에서 일어난 비극적인 사건을 언급하기도 한다. 태풍 하비와 멕시코 지진 당시의 모습을 잠시 비추고, 힘든 일을 함께 이겨내

자는 메시지를 전달한다. 지구촌 공동체로서 세계 시민의 역할을 강조
하는 이 부분은 유튜브의 공익적 가치에 대해 생각하게 한다.

2018년 : Everyone Controls Rewind

2018년 리와인드 영상은 이전보다 더 다양한 채널, 더 다양한 사람들
의 이야기에 집중한다. 수천만의 구독자를 보유한 초대형 채널보다는,
수십에서 수백만의 구독자를 보유한 비교적 작은 채널을 여럿 소개한
다. 이런 흐름에서 영어권이 아닌 동남아시아 및 라틴 아메리카 유튜브
크리에이터도 다수 보인다.

특히, 다수의 우리나라 관련 콘텐츠가 눈에 띈다. 크리에이터로는 도
티, 공대생, 보겸이 등장한다. 방탄소년단의 노래 'IDOL'이 배경음악으
로 흘러나오는 장면은 케이팝의 세계적인 인기를 실감케 한다. '먹방'
에 대해 소개하는 장면은 서울 숭례문 앞에서 촬영되었다. 전 세계가
푹 빠진 동요 〈상어 가족〉도 빠지지 않는다.

애니메이터 유튜버가 등장하는 것도 주요 특징이다. 'Jaiden Ani-
mations', 'Domics' 채널 주인공들이 애니메이션을 통해 자신의 일상
을 소개하고 콘텐츠를 만든다. 2017년 영상에도 애니메이터 유튜버가
나왔지만 후반부에 잠깐 보이는 정도였다. 애니메이션 관련 유튜브 채
널은 국내에서도 늘어나는 추세이다.

이외에도 유튜브에서 화제가 되었던 해외 연예인, 유명인이 리와인드 영상 중간 중간에 등장한다. ASMR 콘텐츠, 과학 실험 콘텐츠가 나오고, 영상의 가장 마지막에는 원시기술 콘텐츠 채널 'Primitive Technology'가 나온다. 2천만 명이 넘는 구독자를 보유한 게임 크리에이터 'Ninja', 가면을 쓰고 활동 중인 뮤직 크리에이터 'Marshmello'를 통해 게임과 음악 분야가 여전히 강세임을 확인할 수 있다.

사실 2018년 리와인드 영상은 당시 유튜브 최다 구독자였던 퓨디파이나 'T-Series' 채널이 등장하지 않아 시청자들에게 많은 비판을 받았다. 하지만 유튜브가 조금 더 개인적이고 일상적인 콘텐츠에 집중한 것이 아닌가 싶다. '소수'의 이야기에 주목함으로써 '모두'가 유튜브의 주인이 되는 세상을 꿈꾸고자 하는 의도가 아니었을까? 작지만 꾸준히 자신만의 이야기를 하는 채널이 증가하는 현상을 긍정적으로 바라보고 있는 것이다.

2018년 리와인드 영상에서 주목할 또 다른 점은 '커뮤니티'를 강조한다는 것이다. 유튜브를 통해 위로와 위안을 얻은 사람들의 사례를 제시한다. 또 '우리는 한 가족, 한 팀'이라는 메시지를 전달하는데, 이는 유튜브에서 커뮤니티 기능을 강화하고 있는 방향과도 일치한다.

지금까지 리와인드 영상을 통해 유튜브 영상 트렌드의 변화를 살펴보았다. 글만 읽어서는 영상의 생동감이 전달되지 않으므로 직접 눈으로 확인하길 추천한다. 한 해의 유튜브 역사를 7분 내외의 영상에 담다

보니 유튜브 리와인드 영상은 모든 시청자를 만족시키지 못할 수 있다. 일부 채널에 편중되기도 하고, 유명 크리에이터가 누락되기도 한다. 이에 대한 시청자들의 불만이 있는 것은 사실이다. 그럼에도 불구하고, 이 시리즈는 몇 분 만에 한 해 영상 트렌드를 볼 수 있는 자료로서 충분한 가치를 지니고 있다.

▶ 2. 키즈 & 뷰티 채널의 성공 방정식

유튜브에는 무궁무진한 분야의 채널이 있다. 그 중에서 소위 '인기 분야'는 대중의 수요, 사회 변화에 따른 산업의 흥망과 밀접하게 관련되어 있다. 따라서 유튜브 채널을 기획할 때, 어떤 분야의 채널을 만들지 신중하게 고민해야 한다. 산업의 전망과 함께 해당 분야 관련 콘텐츠를 살펴보고, 이를 바탕으로 분야별 장점과 한계점을 파악하는 작업이 필요하다. 2장에서는 유난히 수요가 많고 해당 산업과 관련이 깊은 두 분야, 키즈와 뷰티 분야에 대해 자세히 살펴보고자 한다.

디지털 콘텐츠로 진화하는 엔젤 산업

키즈 콘텐츠는 아이들을 위해 제작되는 콘텐츠로, 다른 분야에 비해 영상 조회 수가 높게 나타난다. 유아는 발달 특성상 콘텐츠를 반복 시청하기 때문이다. 또 시청을 지속할 확률도 높다. 식당에서 부모 옆에서 조용히 유튜브를 보고 있는 아이들을 생각하면 이해가 쉬울 것이다. 높은 조회 수를 얻기 위한 유튜브 채널을 기획 중이라면 키즈 분야를 노려볼 만하다. 1장에서 언급했듯이 키즈 콘텐츠는 비교적 쉽게 해외 시장을 노릴 수 있다는 특징이 있다. 국내 유명 키즈 채널들의 시청 시간 70% 이상은 해외에서 발생한다. 이로 인해 생각보다 많은 키즈 채널이 존재하며 급성장 중이다. 국내 키즈 및 교육 콘텐츠의 시청 시간은 최근 몇 년 새 10배 가까이 성장했다. 2016년에는 가장 높은 성장률을 보인 채널 20개 중 8개의 채널이 키즈 관련이었다. 그렇다면 이러한 현상은 관련 산업과 어떤 관계가 있을까?

영유아에서 초등학생을 대상으로 하는 키즈 산업은 '엔젤 산업'이라고도 불린다. 현재 엔젤 산업은 불황과 낮은 출산율에도 불구하고 큰 폭으로 성장하고 있다. 저출산, 고령화로 인해 이제 부모와 양가 조부모까지 한 아이에게 집중하여 경제적 투자를 한다. 근래에는 미혼의 이모, 삼촌까지 여기에 가세하고 있다. 한 아이를 위해 8명의 어른이 지갑을 연다는 에잇포켓Eight Pocket, 귀하게 자란 아이들을 뜻하는 골드키즈Gold Kids, 부모의 과보호를 받으며 자라는 중국의 외동아를 의미하는 소황제小皇帝처럼 다양한 신조어가 생겨날 만큼 이제는 하나의 사회적 현상이 되었다.

저출산 현상 외에도, 핵가족과 맞벌이 가정의 증가로 인해 늘어난 돌

봄 수요는 엔젤 산업의 성장에 날개를 달아주고 있다. 특히 의류, 장난감 위주였던 초기와 달리, 디지털 콘텐츠 분야로 진화 중이다. 디지털 콘텐츠를 소비하는데 익숙한 부모 세대의 생활양식이 영향을 미친 것이다. 이를 노린 KT, 네이버, 카카오 등의 기업이 키즈 콘텐츠 사업에 뛰어들고 있다. '출산은 엄마가, 육아는 유튜브가 한다'는 농담이 있을 정도로 유아들의 디지털 콘텐츠 의존도가 높은 상황이다.

키즈 분야 꾸준히 채널이 생겨나고, 신흥강자도 많다. 하지만 호황과 불황의 구분 없이 콘텐츠가 소비되며 진입장벽이 낮다는 장점이 있다. 시청자인 아이들의 눈높이를 쉽게 맞출 수 있다는 점, 언어의 장벽이 낮아 글로벌 진출이 수월하다는 점도 눈여겨 볼만하다. 이처럼 키즈 채널은 분명 매력적인 분야이다.

키즈 타깃을 사로잡는 전략

이 매력적인 키즈 분야에 뛰어들기 위해 어떤 전략이 필요할까? 앞에서 살핀 전망과 상황을 종합적으로 고려했을 때, 유튜브 키즈 채널을 위한 성공 방정식을 제시하면 다음과 같다.

첫째, 확실한 대리만족과 재미를 주어야 한다. 키즈 콘텐츠는 기본적으로 대리만족 콘텐츠다. 유아나 아동은 학습이나 정보 검색과 같은 목적으로 유튜브를 보지 않는다. 오직 대리만족과 재미를 추구한다. 소재는 당연히 장난감, 캐릭터 등 그들의 관심사 위주로 선택한다. 그리고 타깃 시청자인 아동들에게 생생한 느낌을 주기 위한 연출을 고민해야 한다. 재미있는 효과음, 실감나는 목소리 연기 등을 통해 콘텐츠에 '맛'을 더할 수 있을 것이다.

둘째, 시청 아동의 눈높이에 맞는 콘텐츠를 제공해야 한다. 대상이 영아인지 유아인지에 따라 콘텐츠도 달라질 것이다. 초등학교 저학년, 고학년에 따라서도 내용이 달라야 한다. 전 연령의 아동을 대상으로 한다는 식의 접근은 채널의 정체성을 흐린다. 그래서 타깃을 확실하게 정하는 작업이 선행되어야 하고, 여기에 집중해야 한다.

셋째, 교육이나 학습과 연계할 수 있는 방안을 고민해야 한다. 이 부분은 아동이 아닌 그들의 부모 세대를 유인하는 전략이라고 볼 수 있다. 채널의 선택권은 아이들보다 부모에게 있다고 해도 과언이 아니다. 하지만 아이의 손에 스마트폰을 쥐어주는 대부분의 부모는 스마트폰의 유해성에 대해 인지하고 있다. 또한 '내 아이가 의미 있게 시간을 보내는 방법'으로 유튜브 시청을 꼽는 부모는 많지 않을 것이다. 이러한 불안을 해소하기 위한 방법으로 학습과 연계한 콘텐츠를 만든다면, 시청하는 아이들의 부모에게 작은 위안이 될 수 있을 것이다.

넷째, 시각적인 요소를 적절하게 활용해야 한다. 여기서 시각적인 요소란 색상, 모양 등을 의미한다. 유튜브는 기본적으로 시각적인 자극 집합소다. 따라서 색상이나 모양의 변화를 통해 즐거움을 준다면, 보는 이는 더 흥미를 가질 것이다. '토이 몬스터' 채널은 알록달록한 원색을 활용한 장난감 상황극과 눈에 띄는 섬네일로 유명하다.

다섯째, 세계 시장 공략에 대해 고민해야 한다. 국내 대표 키즈 채널인 '[토이푸딩] ToyPudding TV'는 이미 많은 해외 구독자를 보유하고 있지만, 더 나아가 타 업체와 연계 사업을 추진하고 있다. 중국 진출을 위해 중국의 미디어 플랫폼과 계약을 체결했으며, 유럽을 비롯한 글로벌 무대 진출을 위해 힘쓰고 있다. 세계 시장을 비교적 쉽게 공략할 수 있다는 점은 키즈 채널의 분명한 이점이다. 그러므로 언어적 콘텐츠보다는 만국 공통의 이미지나 상황을 적극적으로 활용해야 한다.

키즈 채널은 장난감을 가지고 상황극이나 스토리를 만드는 채널이 많다. 장난감 언박싱을 하거나 꼬마 크리에이터가 직접 출연하는 형식으로 콘텐츠를 풀어가는 채널도 있다. 최근에는 장난감으로 노는 모습을 보여주기에만 머물지 않는다. 여행, 키즈 카페 체험 등으로 콘텐츠의 영역이 넓어지고 있다.

키즈 분야에도 분명 한계점은 존재한다. 키즈 채널은 주로 어린 아이들이 시청을 하다 보니 인기가 전 연령대로 확장되기 어렵다. 어린이들의 대통령이 청소년과 어른들의 대통령까지 될 수는 없다. 현재 산업으로서 커다란 가치를 지니고 있지만, 시장의 지속 가능성에 대해 의문을 제기하는 사람들도 있다. 키즈 산업의 성장세가 얼마나 지속될지는 지켜봐야 할 부분이다.

얼굴로 만드는 영상 콘텐츠, 뷰티 채널

최근 부산시는 화장품 및 뷰티 산업 전담팀을 꾸리고 지역의 중장기 성장을 위한 방안으로 뷰티 산업을 육성할 계획을 세우고 있다. 그만큼 한국의 미용 산업이 해외에서 케이뷰티라고 불리며 주목받고 있다. 미용은 이제 하나의 산업이자, 한류의 중요한 방향이 되었다.

이러한 바람은 유튜브에서도 확인할 수 있다. 국내 뷰티 크리에이터 대표주자 포니는 다양한 국적의 구독자를 보유하고 있다. 영상에 달린 댓글만 봐도 이를 쉽게 확인할 수 있다. 꼭 한류가 아니더라도 유튜브를 통해 메이크업을 배우는 사람들이 점점 늘고 있다. 많은 여성들이 뷰티 채널을 구독하며 메이크업 튜토리얼, 헤어 튜토리얼 등에 대한 정보를 얻는다. 남성들이 활약하는 뷰티 채널도 활발하게 운영되고 있다.

트렌드를 선도하고 대중들에게 영향을 미치는 인터넷 스타를 활용한, 인플루언서 마케팅Influencer Marketing이 가장 활발한 분야도 뷰티 분야이다. 이제는 뷰티 업계의 상식이 되어버린 인플루언서 활용은 단순히 화장품을 홍보하는 수준에 그치지 않는다. 직접 화장품 브랜드를 출시하는 사례도 많다. 유명 크리에이터의 이름을 달고 출시하는 신제품은 없어서 팔지 못할 정도라고 한다.

이와 같은 현상을 납득하지 못하는 독자가 있을지도 모르겠다. 하지만 온라인 세상에서의 인기와 명성은 이제 오프라인 세상과 맞닿아 있다. 패션, 뷰티 업계에서 '팔로워는 곧 돈이다'라는 말이 나올 정도이다.

온라인상의 영향력이 관련 산업계에서 인정을 받고 있는 것이다.

유튜브 뷰티 채널에 대해 조금 더 집중해보면, 뷰티 분야는 유독 얼굴이 잘 알려진 크리에이터가 많다. 키즈 분야는 오로지 손과 장난감만 등장하는 채널도 많지만, 얼굴을 공개하지 않는 뷰티 채널은 상상하기 힘들다. 얼굴을 드러낼 수밖에 없고, 얼굴의 변화를 통해 콘텐츠를 이끌어가는 이들이 뷰티 크리에이터인 것이다. 이렇다보니 많은 영향력을 발휘하고 기업과의 협업, 브랜드 광고를 통한 수입 창출의 기회가 많다.

뷰튜버로 성공하는 다섯 가지 방법

유튜브 영상의 성격을 크게 두 가지로 나눌 수 있다. 일반적으로 인기 있는 쪽은 게임, 먹방 등 '흥미' 위주의 영상이다. 지식이나 노하우를 전해주는 '정보' 위주의 영상은 수요가 적은 편이다. 그렇다면 뷰티 분야는 어느 쪽에 가까울까? 뷰티 콘텐츠는 재미보다 정보를 주는 성격이 강하다. 그런데도 흥미성 영상에 버금가는 인기를 누리고 꾸준하게 주목을 받는 이유를 알아보자.

영상 플랫폼이 등장하기 전, 미용에 대한 인터넷 정보는 사진과 글뿐이었다. 그런데 유튜브가 등장하고 누구나 영상을 공유하는 길이 열리자 메이크업 노하우를 쉽게 공유할 수 있게 되었다. 미용에 대한 정보를 가장 적합한 방식으로 생생하게 공유할 수 있는 길이 열린 것이다.

화장품이 다양화, 세분화 된 것도 대중이 유튜브에 주목한 계기가 되었다. 과거와 달리 개인이 모든 회사의 모든 제품을 알고 사용하기 어렵게 되자, 현명한 소비자들은 사용한 제품의 사용기를 나누고, 제품 정보를 공유하기 시작했다. IT 리뷰 채널을 비롯한 다양한 리뷰 채널이 주목받게 된 이유이기도 하다.

인플루언서의 출현과 대중의 모방 심리, 케이뷰티를 비롯한 관련 산업의 성장, 영상 미디어를 통해 '자신을 드러내는 세대'의 등장도 유튜브 뷰티 분야가 성장하는데 큰 몫을 했다. 메이크업, 헤어, 패션 등 다양한 하위 분야로 나눌 수 있는 뷰티는 품을 수 있는 영역이 매우 넓다. 이미 자기 표현이 중시되는 시대가 온 만큼, 앞으로도 뷰티 산업 및 뷰티 콘텐츠는 성장 가능성이 크다고 볼 수 있다.

그렇다면 뷰티 크리에이터로 살아남기 위한 가장 핵심적인 성공 방정식은 무엇일까? 여러 뷰티의 하위 분야 중에서, 가장 많은 시청 수요를 지닌 메이크업 분야에 집중해서 살펴보자.

첫째, 기본적인 뷰티 콘텐츠만의 문법을 익혀야 한다. 메이크업은 단순한 화장이 아니다. 피부 특성에 맞는 제품을 선택하고, 한 사람의 개성을 살리는 선과 색의 표현법을 탐구하는 여정이다. 메이크업 콘텐츠는 여기서 한 발 더 나아간다. 이 과정을 영상에 담기 위해 카메라의 각도, 화질은 물론이고 조명에 대한 지식도 필요하다. 촬영 후 영상 보정 작업, 화장품에 대한 정보 전달, 화장법에 및 피부 관리에 대한 소소한 팁 제시도 소홀히 할 수 없다.

모든 콘텐츠는 특성에 따라 적용되는 기본적인 영상의 특징이 있다. 뷰티의 경우 영상의 구도, 조명이 매우 중요하다. 메이크업하는 과정을 효과적으로 전달하기 위해 화면을 어떻게 구성할지 사전에 고민해야 한다. 여러 뷰티 채널을 참고하여 화면에 보이는 얼굴의 크기, 각도, 색감에 대한 기본 규칙을 익히는 노력이 필요한 것이다.

둘째, 기본적인 규칙을 익힌 후에 자신만의 것을 찾는 과정이 있어야 한다. 한 가지 영상의 구도가 모든 사람에게 맞을 수는 없다. 자신의 장점은 부각하고, 단점은 숨길 수 있는 카메라 구도를 찾아보자. 자신의 피부톤에 맞는 색감을 찾아보고, 이를 화면에 잘 드러내기 위한 조명을 배치해보자. 자신에게 맞는 카메라 구도와 색감을 알아내는 것이다. 기본적인 뷰티 유튜버의 영상 문법을 익힌 후에 이를 추가하거나, 변형하거나, 발전시켜야 한다.

당신이 가수를 꿈꾼다는 가정을 해보자. 기존의 곡을 아무리 똑같이 따라 불러도 당신은 원곡 가수의 명성을 뛰어넘지 못한다. 원곡으로 원곡 이상의 가치를 인정받는 유일한 길은, 당신만의 개성과 음색을 담은 노래로 새로운 가치를 만들어내는 방법뿐이다. 뷰티 크리에이터를 꿈꾸는 사람도 마찬가지다. 원조 채널을 참고하되 결국 자신만의 뷰티 문법을 만들어야 한다. 사본은 원본의 아류일 뿐이다.

셋째, 구독자와의 신뢰를 유지하기 위해 노력해야 한다. 뷰티 크리에이터는 다양한 형태로 기업과 협업을 진행한다. 단순 협찬, 간접 광고

Product Placement(제품을 화면 배경에 배치하는 식의 광고), 브랜디드 콘텐츠 등으로 구분할 수 있다. 문제는 이게 광고인지 콘텐츠인지 헷갈리는 영상물이 많다보니, 일반 콘텐츠까지 시청자의 의심을 사기도 한다는 것이다. 따라서 뷰티 크리에이터는 해당 콘텐츠가 광고인지, 아닌지를 시청자에게 명확하게 공지해야 한다. 이는 구독자의 신뢰와 관련된 문제이다. 정보성 콘텐츠를 제공하는 뷰티 채널이 시청자의 신뢰를 얻지 못한다면 치명적일 수밖에 없다. 광고가 아닌 영상에서도 정확한 정보 전달을 위해 노력해야 한다. 사용하는 제품의 정보를 자막으로 제공하고, 부족한 내용은 영상 아래에 설명을 추가할 수도 있다.

넷째, 대중성이 중요하다. 유행하는 상품이나 트렌드에는 대중의 수요가 깔려있다. 유튜브도 마찬가지이다. 특정 시기에 사람들이 몰리는 영상 소재가 있다는 것은, 그 소재가 대중의 수요를 충족시켜준다는 것과 같다. 수시로 대중을 관찰하며 그들의 수요를 파악하고, 이에 적절한 공급을 하는 것은 필수다.

다른 분야에서도 대중적인 요소가 중요한 것은 마찬가지이다. 그 시기에 많은 사람들이 뜨거운 관심을 보이는 소재를 택하여 영상을 만들어보자. 당신의 콘텐츠를 많은 사람에게 알릴 수 있을 것이다. 자극적인 콘텐츠를 만들라는 것이 아니다. 채널의 큰 주제 속에서 대중적인 소재를 적극 반영해야 한다. 예를 들어, 흥행하는 영화의 '주인공 따라하기 메이크업', 10월 말 무렵의 '할로윈 메이크업'은 대중에게 어필할 수 있는 좋은 기획이 될 수 있다.

이외에도 뷰티 크리에이터로 성공하기 위한 여러 전략과 팁들이 존재한다. 기본적으로 뷰티 채널은 메이크업, 스타일링 등 미용법을 '보여주는 것'이다. 따라서 시청자에게 전달하고자 하는 내용을 '어떻게 보여줄 것인가'에 대해 고민하는 것이 중요하다.

만약 자신의 얼굴이 너무 평범해서 고민하는 뷰티 크리에이터 지망생이 있다면 '평범해도 괜찮다'는 말을 해주고 싶다. 예쁜 사람만 뷰티 크리에이터가 되는 자격을 얻는 것이 아니다. 오히려 평범함이 공감, 친근함, 동질감으로 작용할 수 있다. 평범함을 무기로 만들 수 있느냐, 없느냐는 오직 당신에게 달려있다.

● 잘나가는 뷰티 채널 운영을 위한 6가지 Tip ●

대세 중의 대세인 만큼, 유튜브에는 정말 다양한 뷰티 채널이 존재한다. 케이뷰티, 홈뷰티 수요의 증가도 여기에 한 몫 한다. 관심이 집중되는 만큼, 빠르게 변하는 트렌드와 대중의 반응을 살피기 위해 다양한 채널을 둘러볼 필요가 있다. 그리고 자주 들여다보면 '이 채널이 이렇게 해서 떴구나' 하고 깨닫는 순간이 있다. 수시로 시장 조사를 하며, 다양한 영상 시도를 해보고, 타 채널을 벤치마킹해서 도전하는 자세가 필요하다.

① 콘텐츠 포맷에 대한 고민

단순히 메이크업하는 모습을 보여주는 것이 아니라 테마, 콘셉트를 잡으면 시청자에게 다가가기 쉽다. 원 브랜드One brand 메이크업, 연예인 메이크업 따라하기, 겟 레디 윗 미Get Ready With Me(외출 준비 모습 보여주기) 등 여러 형식이 가능하다.

② 카메라 구도를 통한 연출

강연 콘텐츠처럼 멀리서 구도를 잡으면 메이크업 모습이 보일 리 없다. 얼굴과 가깝게 카메라 구도를 잡아야 하며, 아이라인 등 눈 화장을 하는 상황에서는 또 구도가 달라져야 한다. 카메라의 구도와 각도에 따라 영상의 내용 전달력, 시청 집중도가 달라진다.

③ 조명은 뷰티 콘텐츠의 핵심

크리에이터의 얼굴을 더욱 밝고 매력적으로 보이도록 하는데 조명의 역할은 중요하다. 조명에 따라 미세한 표현, 색감이 달라진다. 자신에게 맞는, 색감을 살리는 조명의 위치를 찾아보자. 직접 조명보다는 간접 조명이 은은하고 자연스러운 느낌을 준다.

④ 배경과 디테일

화면에 나오는 얼굴의 크기, 각도 외에도 구도, 색감, 내레이션, 뒷배경 등에 따라 콘텐츠에 대한 시청자의 반응이 많이 달라진다. 예컨대, 소품을 활용해 영상의 뒷배경을 꾸밀 수 있다. 깔끔한 뒷배경만 있어도, 시청자가 영상에 더욱 집중할 수 있을 것이다. 잘나가는 유튜브 뷰티 채널은 디테일이 살아있다. 무심코 보면 놓치기 쉽지만, 하나하나 뜯어보면 그 정성에 감동할 만큼!

⑤ 화장품에 대한 주관적 평가

영상 시청이 제품 구입으로 이어지는 만큼 솔직한 평가가 필요하다. 크리에이터의 평가가 시청자의 구매에 긍정적인 영향을 주었다면, 그 시청자는 채널의 열혈 구독자가 될 것이다.

⑥ 화장품 가격대 설정

고가의 화장품을 사용한다면 30대 이상의 직장인이 타깃이 될 것이다. 중저가 브랜드의 화장품을 사용한 콘텐츠는 10대에서 20대 시청자를 노릴 수 있다.

▶ 3.   2019년 유튜브 트렌드 전망

    게임 분야는 유튜브의 전통적인 인기 카테고리이다. 매년 게임 분야 채널은 늘어나고 있으며, 유튜브 리와인드의 단골손님이다. '음악' 분야 역시 유튜브의 지지 않는 별이다. 이미 오래전부터 가수들은 유튜브에 자신의 음원과 뮤직비디오를 공개하고 있다. 우리나라 사람들이 가장 많이 이용하는 음악 감상 앱이 유튜브라는 사실은 그리 놀랍지 않다. '키즈' 분야도 유튜브에서 강세이다. 작년 세계 유튜브 수입 1위를 자랑하는 라이언 그리고 국내의 허팝, 토이푸딩 등이 키즈 분야의 대표 주자이다. '뷰티' 분야도 빼놓을 수 없다. 최근 유튜버와 협업하지 않는 화장품 브랜드를 찾기 힘들 정도이다. 먹방은 이제 우리나라를 넘어 세계적인 트렌드가 되었다. 세계인의 고유명사가 되어 먹방을 영어로 'Mukbang'이라 표기할 정도이니 말이다. 이렇게 게임, 음악, 키즈, 뷰티, 먹방 분야가 유튜브에서 전통적으로 강세를 보인 분야이다. 시청 수요가 많고 이미 시장이 형성된 만큼, 이들 분야의 인기는 당분간 지속될 것이다.

그렇다면 앞으로 차세대 유튜브를 이끌어갈 분야는 무엇일까? 2019년에는 어떤 크리에이터, 어떤 영상이 등장하게 될까? 미래 유망 산업과 2019년 트렌드 전망을 바탕으로 새롭게 떠오를 유튜브 키워드를 살펴보자.

공허함을 달래주는 대리만족 콘텐츠

앞서 라이언의 장난감 언박싱, 허팝의 거대 실험, 밴쯔의 먹방을 일종의 '대리만족 콘텐츠'로 분류했었다. 각 채널에서 다루는 주제는 상이하지만, 시청자의 욕구를 대신 실현시켜준다는 공통점이 있었다.

시간이 갈수록 유튜브의 대리만족 콘텐츠는 늘어나는 추세다. 대표적으로 먹방을 포함하여 여행, 쇼핑, 반려동물, 예술 분야에 이르기까지 영상을 보며 대리만족을 하는 이들이 늘고 있다. 이 콘텐츠들은 시청자에게 대리만족감을 주기도 하고, 차후 소비에 대한 정보를 제공하기도 한다.

최근 힐링 콘텐츠, 롤플레잉 콘텐츠, ASMR 콘텐츠가 늘고 있는 현상도 대리만족이라는 키워드로 설명이 가능하다. 그런데 여기서 한 가지 의문이 든다. 부족할 것이 없어 보이는 현대인이 대리만족 콘텐츠를 찾는 이유는 무엇일까?

혼밥, 혼술 등으로 대표되는 개인주의가 우리 사회에 확산되고 있다. 어떤 면에서는 이미 문화가 되었다. 하지만 인간은 태생적으로 사회적 동물이기에 '함께'에 대한 결핍이 생기게 마련이다. 그리고 이 공허함을 채워주는 것이 대리만족 콘텐츠이다. 관계를 지향하는 인간의 욕구와 혼자이고 싶은 현대인의 심리, 이 사이의 간극을 채워주는 콘텐츠인 것이다. 이러한 시각으로 본다면 대리만족 콘텐츠에 대한 수요는 앞으로도 계속 증가할 것이다.

무엇이든 집에서 한다, 홈 콘텐츠

대문 밖을 나서지 않아도 되는 시대이다. 운동, 쇼핑, 음식 주문, 대인관계까지 집안에서 모든 것이 가능하다. '랜선'으로 연결만 되어 있다면 말이다. 운동은 '홈 트레이닝'으로, 쇼핑은 인터넷 쇼핑이나 '하울 콘텐츠'로 대체하면 된다. 음식은 '배달의 민족'으로, 관계는 소셜 서비스로 가능하다. 굳이 밖을 나가지 않아도, 대면하지 않아도 된다.

혹시 문 밖을 나서더라도 사람과 직접적으로 마주할 기회는 많지 않다. 키오스크Kiosk라 불리는 무인판매기는 오프라인 세상에서도 타인의 얼굴을 마주할 기회를 줄여주었다. 롯데리아와 맥도날드는 전국 60%에 해당하는 점포에 키오스크를 설치했다. 인건비의 절감, 대인관계에서 오는 피로감 해소를 위해 비대면 서비스, 무인 서비스가 증가하고 또 다양화될 것이다.

유튜브는 타인과 직접 만나지 않고 원하는 정보를 얻을 수 있는 좋은 창구이다. '정보의 다양성' 측면에서 세계인의 관심사를 총망라하고 있다. '정보 전달의 효과성' 측면에서 볼 때 영상이라는 매체를 활용해 눈앞에 있는 것처럼 생생한 정보를 준다. 같은 주제에 대해서 다양한 사람들의 이야기를 들을 수도 있다. 유튜브는 우리가 더욱 '방콕'해야 할 이유 중 하나이다.

복잡함에서 벗어나 쉬고 싶다는 욕망, 기술과 서비스의 발달, 온전한 안식을 위한 공간의 필요성, 가성비를 추구하는 소비 성향까지… 모든 것을 집에서 해결하는 '홈족Home族'이 등장할 수밖에 없는 이유이다. 이러한 홈족에게 원하는 정보나 간접경험을 제공해주는 콘텐츠를 '홈 콘텐츠'라고 정의할 수 있을 것이다. 홈족에게 유튜브는 홈 콘텐츠의 가치를 지닌다.

시공간 제약이 있는 오프라인 콘텐츠와 달리, 온라인 홈 콘텐츠는 터치 몇 번으로 아주 쉽게 만날 수 있다. 거의 모든 지식이 있지만, 이를 이용하는데 어떠한 제약도 없다. 어떠한 대가를 치를 필요도 없다. 기다리지도 않고 이동할 필요도 없으며 돈을 지불하지 않아도 된다. 이용 횟수 제한 또한 없으며, 현대인을 힘들게 하는 대인관계의 피로도는 제로에 가깝다. 유튜브의 무한한 홈 콘텐츠는, 집이라는 공간을 무한한 가능성을 지닌 공간으로 만들고 있다.

대안관계를 충족시키는 반려동물 콘텐츠

반려동물 천만 시대이다. 반려동물 관련 용품은 물론이고 관리 서비스, 금융 상품까지 출시되고 있다. 2018년 말 기준으로 펫 산업의 규모는 3조 원 대로 추정된다. 2020년에는 6조 원을 바라본다니 그 성장세가 엄청나다.

유튜브에서도 이런 트렌드를 확인할 수 있다. 특히 고양이가 나오는 채널이 인기이다. '크림히어로즈'는 국내 1위 고양이 채널로 일곱 고양이와의 일상을 콘텐츠로 다룬다. '냥신TV' 채널은 수의사가 운영하는 채널로 고양이의 행동, 질병에 대한 전문적인 지식과 함께 반려묘에 대한 여러 가지 궁금증을 해결해준다. 이러한 채널들은 고양이를 키우는 시청자들에게 큰 사랑을 받고 있다. 고양이를 키우지 않지만 좋아하는 시청자들도 대리만족할 수 있는 채널이다.

반려견 행동전문가로 알려진 강형욱은 '강형욱의 보듬TV'를 통해 반려견에 대한 지식을 나누고 있다. 해외 채널 'Mayapolarbear'는 강아지 먹방 채널로, 최근 강아지들의 먹방이 유튜브의 새로운 트렌드가 되고 있다. 이외에도 많은 반려견 전문 채널이 운영 중이다. 집에 홀로 있는 반려견 시청용 영상이라는 콘셉트으로 운영하는 채널도 있다.

반려동물 시장의 성장은 우리나라의 1인 가구화 및 저출산·고령화 현상과 깊은 관련이 있다. 가족, 친구 등 기존 관계의 대안으로서 반려동물이 주목받고 있는 것이다. 이런 변화가 일시적 현상이 아닌 만큼,

'대안 관계'로써 반려동물에 대한 사람들의 관심은 지속될 것이다. 더불어 반려동물 콘텐츠에 대한 수요도 계속될 전망이다.

개인의 고유성 시대, 채널의 나노화

2018년 공식 리와인드 영상을 통해, 초대형 채널보다 중소형 채널에 주목하고 있는 유튜브의 변화에 대해 살펴보았다. 이러한 현상은 앞으로 더욱 심화될 것으로 보인다. 유튜브 채널은 더욱 다양화되고 세분화될 것이다.

김난도 교수를 필두로 한 서울대 소비트렌드분석센터는 2019년 트렌드를 '원자화·세분화하는 소비자들이 시대적 환경 변화에 적응하며 정체성과 자기 콘셉트를 찾아가는 여정'이라고 표현했다. 소비 현상에 집중하여 풀어낸 트렌드 분석이지만 유튜브의 전망을 이해하는데 많은 시사점을 준다. 미래의 유튜브는 더욱 '원자화·세분화'된 채널이 등장할 것이며, 모든 시청자와 크리에이터는 '자기 정체성과 콘셉트'를 찾기 위해 힘쓸 것이다.

유튜브 채널은 점점 개인화되고 있다. 채널마다 메인 주제가 있지만, 각자 자기만의 색깔을 담고 있다. 같은 채널은 하나도 없다. 채널 개인화의 정점에 있는 것은 '브이로그 채널'이다. 이들은 자신의 일상을 콘텐츠로 만들고, 자신의 생활을 시청자에게 선보이고 있다. 이는 자신의 라이프스타일을 판매하는 것과 다르지 않다.

유튜브 채널은 더욱 더 개인화될 것이다. 다루는 주제는 다양화·세분화 될 것이다. 채널은 원자화를 넘어 나노화 되고, 수많은 '나노 채널'들은 자기만의 정체성을 드러낼 것이다. 시청자도 더욱 개인화된 취향에 따라 채널을 구독할 것이며, 채널의 메이저·마이너의 구분은 희미해질 것이다.

비슷한 맥락에서 채널의 정체성을 결정하는 콘셉트의 중요성은 더 커질 것이다. 'B급 감성', '대충 콘셉트'가 시청자들에게 많은 사랑을 받고 있다. 애매한 대중성보다는, 확실한 콘셉팅이 훨씬 매력적이다. 명확한 콘셉트는 나노 채널의 존재 이유를 확실하게 설명해준다.

우리 사회가 고령화 사회로 나아가는 만큼 실버세대를 위한 콘텐츠도 증가하지 않을까 예상해본다. 최근 급격한 성장세를 보이는 인도, 아직 자국 내 유튜브 사용을 막고 있는 중국은 엄청난 인구수만큼이나 큰 가능성을 지니고 있다. 해외 유튜브 시장은 질적으로나 양적으로나 그 규모가 매우 크다. 해외 시장을 공략하는 콘텐츠는 기획 및 제작이 쉽지 않지만, 그 규모에 기댈 수 있다는 장점이 있다.

▶ 4.   유튜브가 만드는 변화

2016년 리우 올림픽 창던지기 종목에서 은메달을 획득한 한 선수가 화제가 되었다. 화제의 주인공은 케냐의 줄리어스 예고Julius Yego다. 그는 2015년에도 세계육상선수권대회 금메달을 획득하며 주목을 받았다. 아프리카 최초의 창던지기 종목 금메달이었다. 상체가 강하고 체계적인 훈련을 받았던 백인 선수들을 모두 제치고 세계 1위를 자치한 것이다. 더욱 놀라운 것은, 코치도 없이 오로지 개인 훈련만으로 정상의 자리에 올랐다는 점이다. 그의 유일한 스승은 바로 유튜브 인터넷 강의였다. 'Mr. 유튜브'로 불리던 그는 그렇게 기적이 되었다.

유튜브는 이미 우리 생활의 많은 것을 바꾸어놓았다. 방송, 광고 등 산업의 모습은 물론이고, 인간의 일상생활과 관계의 모습까지 달라지고 있다. 앞으로 이런 변화는 멈추지 않을 것이다. 유튜브는 우리 주변에 또 어떤 변화를 만들어낼까?

블로그보다 유튜브 마케팅이 대세

마케팅Marketing이란, 상품과 서비스가 유통되는 모든 과정을 의미한다. 근래 국내에서는 의미를 좁혀 홍보, PRPublic Relation 정도의 의미로 쓰이고 있다. 인터넷 스타를 통한 인플루언서 마케팅도 홍보 수단으로서 영향력 있는 개인을 이용한 사례이다.

상품뿐 아니라 기업, 공공기관, 지자체 할 것 없이 마케팅을 하는 시대다. 퍼스널 브랜딩이라는 이름으로 개인 마케팅도 활발하다. 특별히 온라인 마케팅이 대세인 것은 누구나 아는 사실이며, 그 관심은 유튜브로 집중되고 있다.

네이버 검색으로 지역의 맛집을 찾던 시기가 있었다. 하지만 잘못된 정보와 상업적인 홍보 글이 쌓이면서 네이버는 신뢰를 잃고 있다. 네이버는 블로그 포스팅에 대한 금전적 대가를 거의 지급하지 않았다. 이에 블로거들이 찾은 수입원은 업체에서 받은 소액의 원고료 정도였다. 파워블로거와 업체 간의 유착이 문제가 되기도 했다. 당연히 객관적인 정보 대신 제품 홍보성 정보가 넘쳐나게 되었다.

같은 시기에 유튜브가 급부상하며 많은 블로거들이 유튜브로 무대를 옮겼다. 네이버는 뒤늦게 동영상 위주 서비스로 개편 중이지만, 예전의 위상을 되찾을 수 있을지는 미지수이다. 이제 사람들은 정보 검색도 유튜브에서 한다. '앞머리 빨리 기르는 법'에서부터 '강릉 맛집'까지, 생생한 현장을 간접 체험할 수 있는 정보가 넘쳐난다.

유튜브를 활용한 마케팅은 필수가 되어가고 있다. 앞으로도 홍보 및 노출을 위해 유튜브를 선택하는 사람들은 점점 늘어날 것이다. 인플루언서 마케팅을 넘어, 모든 상품의 마케팅이 유튜브에서 이루어질 가능성이 크다. 온라인과 오프라인을 연결해주는, 소비자와 생산자를 연결해주는 통로로써 유튜브가 더욱 주목받게 될 것이다. 소상공인을 위한 마케팅도 역시 유튜브에서 이뤄질 것이다.

당분간 유튜브의 독주는 계속될 전망이다. 현재 유튜브는 크리에이터와 광고 수익을 배분함으로써 탄탄한 관계를 유지하고 있다. 광고 수익의 45%를 유튜브가, 55%를 크리에이터가 가져간다. 이러한 유튜브의 광고 수익 구조 시스템은 콘텐츠를 제작하는 이들에게 동기를 부여한다. 동시에 유튜브 생태계가 돌아가는 근본 바탕이 된다. 혹시 유튜브 성장이 멈추더라도 이를 대체할 수 있는 건 동영상 플랫폼이다. 글, 사진만으로 정보를 전하는 플랫폼은 유튜브의 정보 전달력을 따라올 수 없다.

개인 마케팅도 마찬가지이다. 개인의 유튜브 채널은 하나의 포트폴리오가 될 것이다. 학생이라면 입시에서, 취업 준비생이라면 취업할 때 유튜브가 하나의 이력이 될 수 있다. 상품과 개인의 매력을 가장 잘 보여줄 수 있는 플랫폼, 이제 유튜브가 마케팅의 기본이 될 일만 남았다.

노동 시장이 변화하고 있다

4차 산업혁명에 대한 전망과 함께, 노동 시장이 변하고 있다. 미래에는 개인이 평생 동안 단 하나의 직업만 가지는 일은 없을 것이다. 지금보다 더욱 빠르게 직업이 생겨나고 사라질 것이며, 여기에 대응하기 위해 사람들은 다양한 직업을 거쳐 갈 것이다.

유튜브는 직업 시장에도 변화를 주고 있다. 가장 대표적으로 크리에이터가 직업으로서 자리를 잡은 모양새다. 지난해에는 유튜브 크리에이터가 초등학생의 희망 직업 5위에 올랐다. 초등학생들의 장래희망에 시대상이 반영된다는 점을 감안하면, 이는 의미 있는 결과이다. 1인 크리에이터를 지원, 관리하는 사업자와 디지털 콘텐츠 업체도 주목받고 있다.

유튜브에서 '주부 크리에이터'의 활약이 늘고 있는 것도 새로운 변화다. 가사와 육아에 매여 있던 주부들이 자신의 재능과 특기를 살려 크리에이터로 나서고 있는 것이다. 요리, 운동, 그림 등 분야도 다양하다. 2장에서 소개한 채널 '드로잉 핸즈', '꿈꾸는 살림'이 주부 크리에이터의 좋은 사례라고 할 수 있다.

1인 기자의 등장에 대해서도 생각해볼 수 있다. 전통적인 뉴스의 기자는 권한이 많지 않았다. 기자의 의견과 취재 결과인 뉴스는 방송국의 큰 틀을 벗어날 수 없다. 하지만 이제는 1인 미디어 시대이다. 뉴스 기획도, 취재도, 촬영도 개인이 할 수 있다. 가장 중요한 방송에 대한 결정권도 개인이 가지다보니, 얼마든지 기자의 의도를 싣는 것이 가능하다.

1인 미디어의 장점을 살린 1인 기자가 활약하는 날이 오지 않을까 생각한다. 물론 가짜 뉴스를 비롯한 선동 미디어는 경계해야 하는 만큼, 올바른 1인 미디어를 선택하는 등 뉴스를 소비하는 시청자의 역할도 중요해 질 것이다.

평생 교육 시대, 교육으로써의 영상

평생 교육의 중요성이 날로 커지고 있다. 제도권 교육에 대한 비판, 교육기회의 균등에 대한 논의에서 출발한 지금의 평생교육은 새로운 전환점을 맞고 있다. 그 동안의 평생교육은 학교 교육의 대안적 관점, 취업 이후 개인적 필요에 따른 학습에 가까운 개념이었다.

지금까지의 평생 교육이 '선택'이었다면, 이제부터는 '필수'가 될 것이다. 앞서 살펴본 것처럼, 기술의 발전이 가져온 사회 변화가 직업 시장을 바꾸는데 많은 시간이 걸리지 않는다. TV는 13년, 인터넷은 4년, 스마트폰은 개발된 지 9개월 만에 대중화가 되었다. 배움을 게을리 하고 변화를 받아들이지 않는 사람은 9개월 만에 도태될 수 있다. 이런 주기는 더욱 짧아질 것이다. 그러므로 지속적인 자기 교육을 통해 새로운 직업을 찾아야 하는 미래인에게 배움은 필수이다. 어떤 형태로든 교육의 수요가 증가할 수밖에 없다.

현장감이 떨어지긴 하지만, 무언가를 가장 경제적으로 배울 수 있는 방법은 인터넷 동영상을 활용하는 것이다. 유튜브는 무료로 거의 모든 분야의 동영상을 제공한다. 그리고 원하는 것이 무엇이든 배울 수 있다. 유튜브로 창던지기를 독학하여 올림픽 메달을 딴 선수도 있는데 마음만 먹으면 못할 일이 무엇이겠는가?

실제로 유튜브 러닝 콘텐츠의 수요가 증가하고 있다. 한 조사에 따르면 유튜브 이용자들은 격일 간격으로 러닝 콘텐츠를 이용한다. 이들은 생활 정보는 물론이고, 악기 연주를 배우고, 외국어 공부를 하고, 명사들의 강연을 들으며, 특허 등 전문 지식까지 얻고 있다. 언제 어디서나 무료로 이용할 수 있는 유튜브의 장점을 적극 활용하는 것이다. 만약 유튜브로 충분한 배움이 이루어진다면, 이들은 더 이상 학원이나 개인 레슨 등에 기대지 않아도 된다. 스타 강사 김미경은 다양한 러닝 콘텐츠를 보유한 유튜브를 '유튜브 대학'이라고 표현하며, 적극적인 이용을 권장하고 있다.

유튜브가 평생 교육의 수요를 넘어 보통 교육의 영역까지 영향을 미칠 수 있을까? 유튜브 러닝 콘텐츠가 더 일반화되면 앞으로 학교는 어떤 역할을 하게 될까? 꼭 유튜브가 아니더라도 배움의 평등화는 이미 진행 중이다. 온라인 공개강좌 MOOC_Massive Open Online Course를 통해 전 세계 누구나 무료로 대학 강좌를 들을 수 있다. 한국형 온라인 강좌 K-MOOC는 올해 하반기부터 학점 은행제와 연계하여 학점 취득도 가능하다.

인터넷으로 충분한 지식을 익힐 수 있는 시대에는 대학의 역할도 달라져야 한다. 이에 세계 유수의 대학들은 다양한 변화를 꾀하고 있다. 학과 간 구분이 없는 융합 교육, 기업 연계를 통한 프로젝트 수업 등을 통해 미래 인재를 키우고 있다. '미네르바 스쿨Minerva School'은 캠퍼스가 없는 대학으로 유명하다. 세계의 주요 도시를 다니며 다양한 프로젝트와 학생 주도적인 활동을 하는 것이 특징이다. 이처럼 미래의 대학은 '강의 콘텐츠' 이외의 온라인에서 할 수 없는 것들을 학생들에게 제공하고, 다양한 시도와 협업의 장을 마련하게 될 것이다.

초등학교와 중·고등학교는 어떻게 변할까? 학교보다 유튜브에서 더 많은 것을 배울 수 있다면, 학교를 지속해서 다녀야 할 이유가 있을까? 물론 학습 외에도 학교에서 배우는 인간관계, 또래와의 상호작용의 가치는 크다. 어린 학생들이 성인이 되기 전, 일종의 작은 사회를 경험한다는 측면에서도 학교는 유의미한 기관이다.

하지만 '개인'의 위상은 날이 갈수록 높아지고 '함께'의 가치는 존중받지 못하고 있다. 유튜브를 이용한 '개인 학습의 효율성'이 '타인과의 관계'보다 더 가치 있다고 여겨지는 순간이 올 것이다. 가까운 미래는 아니겠지만, 정말 이런 순간이 온다면 학교는 그 존재를 보장받기 힘들지도 모른다. 개인에게 최적화된 수준별 학습, 개인의 재능과 상황에 맞는 적확한 학습이 가능한 곳은 과연 학교밖에 없을까? 대면보다 소셜 미디어로 인간관계를 맺는 Z세대와 그 이후 세대는 인간관계의 가치를 어디쯤 두게 될까? 이처럼 배움의 온라인 콘텐츠화, 관계의 소셜 미디어화가 심화되는 상황에서 학교는 어떤 역할을 해야 할까? 이제

학교도 변화를 받아들이고 새로운 시대를 맞이하기 위한 준비가 필요한 때이다.

▶ 5.   기술 발전과 함께하는 유튜브

지금까지 유튜브의 과거와 현재, 그리고 유튜브가 만들어갈 우리 사회의 모습을 살펴보았다. 유튜브가 많은 것을 변화시켰지만, 유튜브 자체도 변화를 거듭하고 있다. 이용자 중심의 서비스 개선, 다른 소셜 미디어와의 경쟁을 거치며 더 나은 플랫폼으로 진화하고 있다. 5G를 비롯한 정보통신기술ICT의 발전도 유튜브 미래에 새로운 길을 제시할 것이다.

물론 유튜브의 미래가 장밋빛이기만 할 수는 없다. 유튜브와 1인 미디어가 산업적으로 큰 가치를 지니고 있지만, 예상치 못한 급성장으로 일부 사회적인 문제를 야기하고 있다. 여기에 대한 혜안을 갖고 대비하는 자세가 필요한 때다.

큐레이션과 가상 현실의 시대

2005년에 서비스를 시작한 이래 유튜브에는 수많은 변화가 있었다. 화질은 HD급 영상을 넘어 4K 영상, 8K 영상 업로드도 지원하고 있다. 인터페이스 개편 및 영상 추천 알고리즘의 고도화를 계속하고 있으며, 모바일 최적화 서비스를 위한 업데이트도 꾸준하다. 크고 작은 업데이트를 거친 미래의 유튜브 플랫폼은 어떤 모습일까? 사회 변화, 기술 발전과 함께 달라질 유튜브의 모습을 예상해보자.

첫째, 유튜브의 소셜 미디어 기능이 더욱 강화될 것이다. 페이스북은 2016년 '동영상 최우선 전략'을 발표하며 페이스북의 동영상 서비스 강화를 선언했다. 이와는 반대로 유튜브는 SNS 기능을 강화하고 있다. 2016년에 유튜브는 페이스북처럼 게시물을 쓸 수 있는 '커뮤니티 탭'을 추가했다.

유튜브는 소셜 서비스 중 하나로 동영상 댓글을 통해 생각을 나누고, 영상의 자유로운 공유를 가능하게 만든 플랫폼이었다. 하지만 과거에는 오로지 동영상만 등록할 수 있었기에 SNS 기능이 약하다는 평가를 받았다. 그러던 유튜브가 바뀐 것이다.

유튜브 커뮤니티 기능을 활용하면 크리에이터는 글, 사진, 영상, 투표 등을 등록할 수 있다. 더 쉽고 적극적으로 시청자와 소통할 수 있는 길이 열렸다. 유튜브는 커뮤니티 기능을 통해 조금 더 소셜 미디어에 가까워졌다. 페이스북·인스타그램을 비롯한 소셜 미디어의 기능을 흡

수하고 왕좌의 자리를 지키기 위해, 유튜브 커뮤니티 기능은 더 편하고 다양한 방식으로 개선될 것이다. 참고로 구독자 천 명 이상을 확보한 채널만 커뮤니티 탭을 사용할 수 있다.

둘째, 유튜브 큐레이션Curation 기능이 더욱 강화될 것이다. 앞으로 유튜브에 접속하면 자기 성향에 맞는 콘텐츠를 보게 될 것이다. 유튜브는 사용자의 시청 기록, 시청 시간 등을 분석하여 개인에게 최적화된 콘텐츠 추천을 해주기 위해 노력하고 있다. 이는 좋은 콘텐츠가 무엇인지 걸러주는 필터 역할과 함께 각 개인에게 최적화된 큐레이션을 제공한다. 유튜브 알고리즘은 지금도 계속 진화하고 있다. 이러한 움직임은 유튜브뿐만 아니라 다른 영역에서도 진행 중이다.

이제 큐레이션은 미술관, 박물관에만 머물지 않는다. 큐레이션은 현대와 같은 정보 과잉 사회에서 가치 있는 정보를 제시해주는 나침반과 같다. 기업들은 개인 맞춤 서비스를 위해 큐레이션에 집중하고 있다. 뉴스, 영화, 음악, 쇼핑 등 적용 분야도 점차 늘어나는 추세다.

글로벌 기업 아마존과 넷플릭스는 이미 고객의 패턴을 분석하여 최적의 추천을 해주는 서비스를 통해 기업 운영에 큰 도움을 받고 있다. 넷플릭스는 회원가입 시 사용자가 선택하는 3개의 프로그램과 시청 기록을 바탕으로 큐레이션을 한다. 이 정보를 시네매치Cinematch라는 자체 개발 알고리즘에 넣어 분석해 회원이 좋아할 만한 영화나 드라마를 추천해주는 방식이다. 넷플릭스 이용자의 70%가 추천 동영상을 선택하고 있다. 이러한 선호 분석은 추후 넷플릭스가 자체 제작한 콘텐츠를 만드는 데에도 쓰인다.

유튜브의 큐레이션은 현재 진행형이다. 시간이 지날수록 더욱 개인화된 동영상 서비스가 가능할 것이다. 자신에게 맞는 자신만의 채널을 찾아 자신만의 방식으로 즐기는 것. 이것이 미래의 유튜브를 즐기는 방식이자 앞으로 미디어가 나아갈 방향이다.

셋째, 새로운 기술 발전이 전에 없던 유튜브 생태계를 만들 것으로 보인다. 유튜브는 동영상 업로드 외에 실시간 스트리밍 서비스를 제공하고 있다. 2017년에는 슈퍼챗Super Chat이라 불리는 현금 후원하기 기능을 도입하며 실시간 스트리밍을 확대했다. 앞으로는 유튜브 실시간 스트리밍을 하는 채널이 더 늘어날 것이다. 스트리밍 실시간 방송은 일반화될 것이다. 1인 미디어의 가장 큰 매력이 실시간 소통임을 감안하면 이는 자연스러운 현상이다. 더 빠르고 처리 용량이 많은 통신 서비스는 이 변화의 든든한 지원군이 되어줄 것이다.

문자 검색을 넘어선 영상 검색의 가능성도 있지 않을까? 현재 유튜브의 검색은 제목, 설명, 태그, 자막 등 텍스트 자료를 기반으로 이루어진다. 『유튜브 온리』의 저자 노가영은 3가지 기술을 통해 동영상 검색의 가능성을 이야기하고 있다. 동영상의 음성을 문자로 변환하는 음성인식 기술, 세계 각국의 언어를 자연스럽게 번역하는 기술, 이미지 파일의 정보를 자동으로 인식하고 추출하는 기술이다. 동영상이 오디오와 연속된 이미지의 조합이라는 점을 생각해보면, 영상 검색이 충분히 가능한 일이라는 생각이 든다.

증강 현실AR, Augmented Reality 기술과 가상 현실VR, Virtual Reality 기술도 유튜브에 변화를 가져다줄 것이다. 다양한 VR 콘텐츠는 이미 유튜브에 존재한다. 버츄어 유튜버Virtual Youtuber는 가상의 캐릭터를 이용해 유튜브 영상을 제작한다. VR 기술을 응용한 버츄어 유튜버는 일본의 '키즈나 아이'를 시작으로 많은 채널이 운영 중이다.

1인 미디어의 가치와 끝없는 논란

세계적으로 1인 크리에이터들의 기획사라 불리는 MCNMulti Channel Network, 다중 채널 네트워크 사업이 크게 성장하고 있다. MCN은 쉽게 말해 크리에이터들을 전문적으로 관리하는 회사이다. 미국의 드림웍스 애니메이션DreamWorks Animation과 월트 디즈니 컴퍼니The Walt Disney Company는 각각 엄청난 금액을 들여 MCN을 인수하며 새로운 콘텐츠 전쟁에 뛰어들었다. 우리나라에도 샌드박스 네트워크, 비디오빌리지 등 다양한 MCN이 있다. CJ ENM도 DIA TV를 통해 이 시장에 뛰어들었다.

국가적으로도 콘텐츠 산업으로 미래 경쟁력을 갖기 위해 움직이고 있다. 콘텐츠 산업은 새로운 산업으로 일자리 창출은 물론, 관광 등 관련 산업에도 긍정적 효과를 줄 거란 전망이다. 과학기술정보통신부는 올해 3월, 1인 창작자 콘텐츠 제작지원 사업을 발표했다. 잠재력을 지닌 크리에이터를 발굴해 전문 교육 및 콘텐츠 제작 등을 지원하겠다는 계획이다. 정부는 MCN 사업자를 위한 제작 지원에도 나서고 있다. 서울시도 1인 미디어 육성을 위한 다양한 정책을 펼치고 있다. 유튜브를 비롯한 1인 채널은 이처럼 산업적으로 매우 큰 가치를 지니고 있다.

이런 가치에도 불구하고 논란과 갈등이 끊이질 않고 있다. 필터링 되지 못한 불법 성인물이나 범죄 영상이 공유되는가 하면, 확인되지 않는 사실로 대중을 선동하는 가짜 뉴스가 등장한다. 유튜브의 영상 추천 알고리즘은 개인의 취향에 맞는 영상만을 제공하여, 시청자의 확증 편향confirmation bias을 심화시킨다는 비판도 받고 있다.

유튜브로 큰돈을 벌 수 있다는 인식이 생기면서, 자극적인 콘텐츠도 넘쳐나고 있다. 이에 유튜브는 영상의 질 관리를 위해 여러 가지 보완 장치를 마련하고, 수익 신청을 위한 기준도 상향 조정했지만 단번에 해결될 문제가 아니다. 일부 크리에이터들의 인성이 도마에 오르면서 유튜브를 비롯한 1인 미디어를 규제해야 한다는 목소리가 커지고 있다. 특히, 유튜브는 10대들이 많이 사용하는 플랫폼인 만큼 관련된 논의가 필요하다.

구독자를 불법으로 늘리다가 계정을 정지 당하는 사례, 크리에이터의 소득에 대한 세금 문제 등 논란은 끝이 없다. 초등학생 크리에이터 '띠예'의 경우, ASMR 먹방으로 단기간에 인터넷 스타가 됐지만 이를 시기한 시청자들의 신고로 콘텐츠가 강제 삭제 처리 되기도 했다. 앞으로 유튜브가 성장하는 만큼, 해결해야 될 숙제도 늘어날 것이다.

실전에서 바로 써먹는
유튜브 Check list

1 ━━━━▶ 채널 성장 시기별 점검 리스트

채널을 개설한 뒤에는 시기별로 점검해야 할 항목들이 있다. 이번 장에서는 유튜브 채널이 연속적으로 성장하는 과정을 준비기-시작기-성장기-도약기-안정기로 나누어 살펴보려 한다. 채널마다 차이가 있을 수 있음을 미리 밝힌다. 각 시기별로 달성해야하는 과업은 다음과 같다.

준비기	시작기	성장기	도약기	안정기
① 유튜브를 시작하는 이유를 명확히 하자	⑤ 준비만 하지 말고 일단 시작하자	⑨ 꾸준함을 방해하는 요소를 차단하자	⑬연결, 확장을 통해 새로움을 창조하자	⑰ 루틴으로 만들어 자동으로 되게 하자
② 자기 장단점을 정확하게 이해하자	⑥ 다양하게 자신의 가능성을 시험해보자	⑩ 자신만의 영상 포맷을 구축하자	⑭ 플랫폼 다양화를 통해 적극 홍보하자	⑱ 온라인을 넘어 오프라인으로 나아가자
③ 시장조사를 통해 유튜브를 이해하자	⑦ 자신의 콘텐츠를 아끼고 사랑하자	⑪ 채널 구독자와 끊임없이 소통하자	⑮ 채널의 다양한 데이터를 활용하자	⑲ 자신의 몸과 마음을 관리하자
④ 매력적인 자신만의 채널을 기획하자	⑧ 처음부터 지나치게 욕심내지 말자	⑫ 섬네일과 제목에 많은 공을 들이자	⑯ 공인에 걸맞는 의식 수준을 갖추자	⑳ 자신이라는 존재를 잊지 말자

채널 준비: 매력적인 나만의 채널 만들기

　채널의 기반을 다지는 가장 중요한 시기이다. 어떻게 준비하느냐에 따라 앞으로의 채널 운명이 갈린다. 가장 먼저, ① 유튜브를 시작하는 이유를 명확하게 하자. 그리고 ② 자신의 장단점을 정확하게 이해하자. 사실 이 두 가지만 확실하게 이루어져도 채널의 대략적인 방향이 잡힌다. 다음은, 발품이 아닌 손품을 팔아 유튜브의 다양한 채널을 둘러봐야 한다. ③ 시장조사를 통해 유튜브를 이해하자. 유튜브에서 많은 사랑을 받는 분야는 무엇인지, 경쟁 채널은 무엇인지 분석해보는 것이다. 그 후에 ④ 매력적인 자신만의 채널을 기획하자. 채널을 통해 무엇을 전달하고 싶은지, 자신만의 차별화 요소는 무엇인지, 타깃 시청자는 누구이며 얼마나 수요가 있는지 답할 수 있어야 한다.

채널 시작: 두려워말고 가능성 시험하기

　기획한 채널을 본격적으로 운영하는 시기이다. 완벽한 준비를 하려고 하지 마라. 망설이면 아무것도 못한다. ⑤ 준비만 하지 말고 일단 시작하자. 직접 채널을 운영하며 실전에서 경험을 쌓는 것이 좋다. 하다가 정 안되면 얼마든지 채널을 다시 만들 수 있다! 그러니 두려워말고 도전하라. 그리고 ⑥ 다양하게 자신의 가능성을 시험해보자. 자신도 몰랐던 재능이 발견될 수도 있다. 또한 누구보다 ⑦ 자신의 콘텐츠를 아끼고 사랑하자. 크리에이터는 콘텐츠를 만드는 과정이 즐거워야 한다. 제작자가 즐기기 못하면, 시청자도 즐기지 못한다. 주의할 점은 ⑧ 처음부터 지나치게 욕심내지 말아야 한다는 것이다. 초반부터 고가의 장비를 구매한다거나, 직장을 그만둔다거나 하는 행동은 위험하다. 충분한 테스트와 시험 가동을 하는 때라고 생각하자.

채널 성장: 꾸준한 업로드로 콘텐츠 축적하기

콘텐츠가 쌓이며 채널이 조금씩 성장하는 시기이다. 이제부터 꾸준함이 매우 중요하다. 주 1회도 좋으니 꾸준하게 콘텐츠를 업로드해야 한다. 만약 ⑨ 꾸준함을 방해하는 요소가 있다면 차단하자. 그리고 ⑩ 자신만의 영상 포맷을 구축하자. 자신만의 것을 조금씩 만들어나가야 한다. 이런 과정을 거치면서 영상 제작이 조금 수월해지고 속도도 빨라질 것이다. 채널의 성장을 이끌어주는 ⑪ 채널 구독자와 끊임없이 소통하는 것도 잊지 말자. 소통은 아무리 강조해도 지나치지 않다. 간과하기 쉬운 ⑫ 섬네일과 제목에 많은 공을 들여야 한다. 콘텐츠만큼 유혹의 기술도 중요하다.

채널 도약: 계속 새로운 콘텐츠 시도하기

채널 도약기는 잘못하면 정체기가 될 수도 있다. 도약할 것인가, 머무를 것인가를 결정짓는 중요한 시기이다. 기존의 영상을 답습하지 말고 ⑬ 연결, 확장을 통해 새로움을 창조하자. 다른 크리에이터와 협업을 할 수도 있고, 영어 자막을 통해 글로벌 시장을 노릴 수도 있다. 여유가 있다면, ⑭ 플랫폼 다양화를 통해 적극 홍보하는 방법도 있다. 페이스북,

인스타그램, 네이버 TV 등 여러 플랫폼을 활용해보자. 또한 시청 시간, 조회 수 등 ⑮ 채널의 다양한 데이터를 이해하고 활용하는 것이 좋다. 다음 장에서 소개할 유튜브 기능인 '크리에이터 스튜디오_{Creator Studio}'를 통해 정보를 얻을 수 있다. 마지막으로, ⑯ 공인에 걸맞은 의식 수준을 갖추자. 크리에이터는 스스로를 공인이라 생각하고 행동해야 한다.

채널 안정: 오프라인으로 나아가기

오랜 시간의 채널 운영을 거쳐, 영상이 생활의 일부가 되는 시기이다. 밥 먹듯이, 숨 쉬듯이 영상 제작 및 업로드를 ⑰ 루틴으로 만들어 자동으로 되게 하자. 반복되는 꾸준함을 습관으로 만들자. 그리고 이제 ⑱ 온라인을 넘어 오프라인으로 나아가자. 강연 활동을 하거나, 오프라인 사업과 연결 지을 수도 있다. 현명한 사람은 휴식도 현명하게 한다. ⑲ 자신의 몸과 마음을 관리하자. 크리에이터는 '방구석 아티스트'이다. 건강상 문제, 우울함 등으로 채널을 포기하는 사례가 있다. 체력 관리, 멘탈 관리 모두 필요하다. 또한 ⑳ 자신이라는 존재를 잊지 말자. 유튜브라는 가상공간에 매몰되어 자신을 잃으면 안 된다. 유튜브는 물론 현실 속에서 진정한 '나'를 찾아라.

2 ———→ 겁먹을 필요 없다! 영상 장비와 촬영 TIP

영상 장비를 준비하고 촬영하는 일은 분명 전문적인 지식을 요구한다. 영화나 방송의 경우 하나의 영상을 만드는 데에 촬영 감독, 조명 감독, 음향 감독을 비롯한 수십 명의 스태프가 동원된다. 하지만 유튜브 크리에이터는 영화 같은 완벽한 영상을 만드는 사람이 아니다.

장비는 어떻게 준비할까?

무언가를 시작할 때, 완벽한 장비를 갖추고 시작하는 사람이 있다. 그 준비 자세는 긍정적으로 볼 만하다. 하지만 유튜브 시작과 동시에 최고급 장비를 준비하는 것은 추천하지 않는다. 자신이 가지고 있는 장비로 일단 시작하고, 꼭 필요한 장비가 있다면 그때그때 사는 방향을 권장한다.

크리에이터가 되기 위해 카메라부터 구입하는 사람이 있다면 말리고 싶다. 우리 모두는 이미 고성능의 카메라를 가지고 있다. 바로 스마트폰이다. 스마트폰의 카메라 기능만 잘 써도 충분히 고화질의 영상 촬영이 가능하다. 어깨에 짊어지는 방송국 카메라보다 이동성이 좋아, 언제든 쉽고 간편하게 촬영할 수 있다. 스마트폰에서 영상을 편집하여 바로 업로드할 수도 있다. 그러니 스마트폰을 적극 활용해보자. 여러 대의 카메라가 필요하거나, 특별한 사용 목적이 있다면 DSLR 카메라, 액션캠_{헬멧이나 신체부위에 부착해 1인칭 시점으로 촬영하는 캠코더} 등을 사용할 수도 있을 것이다.

조명은 어떻게 해야 할까? 카메라의 렌즈는 우리의 눈보다 어둡게 대상을 담아낸다. 따라서 조명을 통해 이를 보완하는 작업이 필요하다. 그림을 그리는 크리에이터들의 경우, 촬영할 때 특히 조명에 신경을 많이 쓴다. 최대한 원본 그림과 비슷한 느낌을 전달하기 위해서다. 조명으로 화면의 집중도가 좌우되기도 한다. 촬영을 필수적으로 해야 하는 채널이라면, 조명 한두 개 정도는 준비할 것을 추천한다. 조명은 방송에 필요한 다른 장비에 비해 비교적 저렴한 편이다. 몇 만 원대의 LED 방송 조명만으로 영상의 느낌을 한층 더 살릴 수 있다.

다음은 마이크에 대해 이야기해보자. 영상의 질을 크게 좌우하는 것 중 하나가 음향이다. 이 부분 역시 스마트폰의 도움을 받을 수 있다. 스마트폰을 마이크처럼 사용하면 꽤 괜찮은 음질의 녹음 파일을 얻을 수 있다. 만약 ASMR 콘텐츠를 준비한다면 고성능의 마이크는 필수다. 자신의 자원을 최대한 활용하되, 필요하다면 용도와 상황에 맞는 마이크를 구입하는 것이 현명하다.

주변의 1인 미디어 지원 시설을 활용하는 방법도 있다. 최근에는 지역에서 운영하는 '1인 미디어 스튜디오'가 많다. 이런 스튜디오를 활용하면, 저렴한 가격으로 다양한 장비를 이용할 수 있다. 무료로 영상 촬영 및 편집까지 가능한 곳도 있다고 하니, 주변의 1인 미디어 지원 시설을 적극 활용해보자.

요컨대, 시작부터 '장비'에 지나친 욕심을 내지 말자. 비싼 장비는 초보 크리에이터에게 큰 도움이 되지 못한다. 수십만 명의 구독자를 보유하고 있음에도, 오직 스마트폰으로 영상을 촬영하는 크리에이터도 있다. 화려한 스튜디오 대신, 거실에 커다란 전지를 붙여놓고 영상을 찍기도 한다. 사실 대부분의 시청자는 당신이 어떤 장비로 촬영했는지 알아차리지 못한다. 그들이 찾는 것은 휘황찬란한 영상이 아니라, 재미있는 영상이다. 유튜브 이용자는 기본적으로 '재미 사냥꾼'이다. 장비를 탓하기 보다는 좋은 기획과 편집으로 영상에 숨을 불어넣자. 유튜브 채널 성장의 핵심은 장비가 아닌 콘텐츠라는 것을 잊지 말자.

어떻게 촬영해야 할까?

생각 없는 촬영은 쉽다. 스마트폰을 들고 촬영 버튼을 누르면 된다. 하지만 그보다 중요한 것은 미리 '어떻게 촬영할지 구상'하는 것이다. 화면에는 제작자의 의도가 담겨 있어야 한다. 영상으로 표현하고 싶은 바를 정하고, 프레임에 있어야 할 것과 없어야 할 것을 확인하자. 쉽게 예를 들면, 먹방에서 화면 안에 들어가야 할 것은 식탁과 예쁘게 담긴 음식 정도이다. 없어야 할 것은 것은 식욕을 떨어뜨리는 물건, 지저분한 배경 등이다.

촬영에 돌입하기 전, 영상으로 무엇을 표현할 것인지 계획하라. 그 계획에 따라 화면을 구성하고 카메라를 움직여라. 이유 없이 움직이는 카메라는 없다. 더 나아가, 영상 커뮤니티를 통해 다른 사람들의 촬영 작품을 감상하고, 내 작품에 대한 피드백을 받는 것도 좋은 방법이다.

유튜브의 모든 것, 유튜브에게 물어보기

영상 촬영뿐 아니라 유튜브의 모든 것에 대해 무료로 도움을 받을 수 있는 도구가 있다. 유튜브에서 제공하는 사이트인 크리에이터 아카데미Creator Academy이다. 이곳은 유튜브 입문자들이 자주 묻는 항목을 바탕으로 만든 강의 영상을 진행 과정별로 볼 수 있는 공간이다. 사이트에 접속해 '카탈로그'를 클릭하면 빠른 채널 개설법, '유튜브 분석'으로 통계 확인하는 법, 검색 가능성 높이기, 유튜브에서 수익 창출하기 등 여러 개의 강의 영상이 올라와 있다. 진행자의 설명과 실제 유튜브 화면 등이 어우러져 누구나 보고 쉽게 따라 할 수 있도록 구성되어 있다. 또한 유튜브 공식 자료이니만큼 믿을 만한 자료를 제공한다는 것도 큰 장점이다. 카테고리별, 난이도별, 과정별 강의를 제공하고 있어 필요한 부분을 찾아 듣기도 좋다. 웬만한 대학 교양과목에 버금가는 정도의 내용이 많다는 평이다. 멀리서 찾지 말고, 크리에이터 아카데미를 적극적으로 활용해보자!

3 ⟶ 끝까지 눈을 뗄 수 없는 영상을 만드는 방법

유튜브 채널을 키우는 가장 중요한 요소는 무엇일까? 여러 가지를 나열할 수 있을 것이다. 하지만 단 하나의 요소를 꼽자면, 바로 콘텐츠이다. 우리가 유튜브를 찾는 이유는 콘텐츠 때문이다. 인기 크리에이터가 구독자를 유지하는 비결 또한 바로 그것이다.

유튜브 콘텐츠는 곧 영상을 의미한다. 당신의 영상을 좋아하고, 당신의 영상을 끝까지 보는 시청자가 하나 둘씩 늘어난다면 당신은 유튜브 성공을 맞이할 수 있다. 채널을 키우려면 결국 시청자들이 오랫동안 영상을 보도록 해야 한다. 하지만 재미도, 의미도 없는 영상을 시간 들여 볼 사람은 없다. 그래서 철저한 채널 및 영상 기획을 통해 유익한 영상을 만들어야 한다. 그리고 편집을 통해 영상의 매력을 더해야 한다. 경우에 따라, 죽은 기획이 편집으로 살아나기도 한다.

어떻게 '유튜브스러운 영상'을 만들 수 있을까?

영상 편집의 대략적인 과정을 살펴보면 다음과 같다. 먼저 촬영본을 눈으로 확인하며 영상에 사용할 부분을 확인한다. 필요 없는 부분은 삭제하고, 필요한 경우 영상의 순서를 재배열한다. 이렇게 필요 없는 부분을 도려내고 다듬는 작업을 마친 후에는 효과, 자막 등을 추가한다. 마지막으로 배경음악과 효과음을 삽입한다. 물론 이 순서는 개인이나 상황에 따라 다를 수 있다.

어떤 효과와 음악을 사용하는지, 어느 부분에서 장면 전환을 하는지에 따라 시청자의 몰입도는 크게 달라진다. 영상 시청 중 시청자의 이탈을 막기 위해 다음의 내용을 참고하자.

▶ 영상 초반에 시청자의 관심을 끌 수 있는 장면을 삽입하자. 영상의 중요 부분을 보여주거나, 영상의 개요를 예고하듯 언급하는 방법을 활용하는 것이다. 매력적인 프리뷰Preview는 시청자의 호기심을 자극하고, 그들이 끝까지 영상을 봐야할 이유가 될 것이다.

▶ 영상 컷의 길이를 짧게 하자. 장면의 호흡이 짧아야 시청자의 지루함을 줄일 수 있다. 컷의 최대 길이는 15초를 넘기지 않는 것이 좋다. 말과 말 사이의 공백은 최대한 없애자. 보는 이가 지루할 틈을 주지 말고, 속도감을 가지고 영상을 전개하는 것이 좋다. 퓨디파이는 이를 패스트컷Fast Cut이라고 표현한다.

▶ 영상 효과 및 자막을 적극적으로 활용하자. 이는 영상의 몰입도를 높여주고, 효과적인 내용 전달을 가능하게 한다. 적어도 5초마다 한 번씩 효과가 나타나도록 해서 시청자가 눈을 뗄 수 없게 만들어라. 저작권에 저촉되지 않는 이미지나 다른 영상을 가져와서 활용하는 것도 좋은 방법이다.

▶ 영상의 주제와 콘셉트에 맞는 음악, 효과음을 사용하자. 청각적 자극에 따라 영상의 분위기는 크게 달라진다. 동일한 영상 소스를 사용하더라도, 배경음악에 따라 전혀 다른 느낌의 콘텐츠가 나오기도 한다.

이것 하나만은 기억하자. '유튜브스러운' 영상을 만들어야 한다. 유튜브 영상은 영화나 드라마에 비해 재생 시간이 짧다. 당연히 기존 콘텐츠와 편집의 방향을 달리해야 한다. 몇 분 안에 기승전결을 모두 담아야 한다. 예능적인 요소를 넣어 보는 등의 재미를 주어야 한다.

하지만 편집이 두려워 유튜브를 시작하지 못하는 경우가 생기면 안 된다. 영상 편집은 한 번에 배울 수 있는 것도 아니고, 영상 트렌드는 수시로 변한다. 메시지와 콘셉트에 따라 효과적인 편집의 방향을 누군가 제시할 수 있겠지만 정답은 없다. 부족하더라도, 일단 시작해보자. 좋은 콘텐츠를 따라하고 모방하면서 배워나가자. 모방과 함께 다양한 시도를 하다보면 당신만의 영상미를 발견하는 날이 올지 모른다.

편집자를 따로 두어야 할까?

최근에는 편집자를 따로 고용하는 경우도 많아지고 있다. 물론 시간을 절약하고 전문가의 도움으로 질 높은 영상을 만들 수 있겠지만, 많은 크리에이터들은 직접 영상을 편집해보는 경험이 중요하다고 강조한다. 영상 편집을 직접 해보며 촬영의 구도, 카메라의 움직임 등에 대해서 배울 수 있고 이런 경험은 다른 콘텐츠를 만드는 데도 긍정적인 경험으로 작용한다는 것이다.

　편집자를 두는 것은 개인의 선택에 맡긴다. 영상 편집은 실제로 많은 시간을 필요로 한다. 개인의 경제적, 시간적 여유와 채널 개설의 목적, 필요한 영상의 전문성을 생각하여 결정하면 된다. 취미로 시작하는 채널이라면 천천히 직접 해보는 것이 좋다. 시간은 부족한데 고품질의 영상을 빠르게 많이 제작해야 한다면 전문가의 도움을 받을 수도 있다.

　오로지 경제적 이익을 목적으로 시작하려는 사람은 '효율성'에 대해 진지하게 고민해보자. 유튜브 채널 운영에는 많은 시간이 투입된다. 편집자를 둘 경우 돈도 들어간다. 투자한 시간과 자본에 비하여 과연 이익을 볼 수 있을 것인가, 편집자를 두는 것이 더 빠르고 효율적인가 등에 대해 고민해보자. 유튜브 광고 수익을 받기까지 짧게는 몇 개월, 길게는 몇 년이 걸릴 수 있다. 목적이 오직 수입에만 있다면 잘 생각해보자. 몇 년간 편집자를 고용하는 것보다, 지금 당장 나가서 아르바이트를 하는 것이 더 경제적일 수도 있다.

유튜브 알고리즘이란, 유튜브 접속 시 피드창에 자동으로 추천된 인기 영상이 보이는 '영상 추천 알고리즘'을 의미한다. 만약 유튜브의 알고리즘을 완벽하게 이해하고 있다면 당신은 더 빠르게 채널을 키울 수 있을 것이다. 물론 알고리즘에 대한 내용은 유튜브에서 아직 공개하지 않았다. 그래서 많은 이들이 여기에 대한 추측과 의견을 내놓는다. 해외에서는 정확한 유튜브 알고리즘을 알아내기 위한 연구 모임이 활발하게 운영되고 있다. 국내에서도 유튜브 관련 커뮤니티를 통해 관련 정보를 얻을 수 있다.

수많은 영상 중에서, 유튜브가 추천하는 영상은 어떤 영상일까? '좋아요'를 많이 받은 영상일까? 조회 수가 높은 영상일까? 아쉽게도 알고리즘은 그렇게 단순하게 작동하지 않는다. 정확한 것은 유튜브만이 알고 있겠지만, 지금까지는 다음의 내용이 정설로 받아들여지고 있다.

유튜브 알고리즘은 '많은 시청자가, 이탈하지 않고, 오래 시청한 영상'을 재미있는 영상이라 판단하여 다른 이용자에게 추천한다. 해당 영상에 관심을 가질 만한 시청자를 대상으로 그들의 피드에 추천 영상을 보여주는 것이다. 그리고 추천의 폭을 점차 넓혀간다. 예를 들어, 당신이 올린 고양이 관련 영상이 시청자들에게 좋은 반응을 얻었다고 하자. 이제 당신의 영상은 '고양이' 관련 콘텐츠를 즐기는 사람에게 먼저 추천될 것이다. 다음은 범위를 넓혀 '반려동물' 콘텐츠를 좋아하는 사람, 일반적인 '동물' 콘텐츠를 찾는 사람에게까지 추천될 것이다. 이러한 과정이 반복되면 콘텐츠의 평균 시청 시간은 떨어진다. 왜냐하면 점점 다양한 관심사를 가진 사람에게까지 당신의 영상이 노출되기 때문이다. 어느 지점에서 당신의 영상은 확산 속도가 줄어들게 된다.

이처럼 가장 중요한 지표는 '시청 시간'이다. 조금 더 구체적으로 말하면 '평균 시청 지속 시간'이다. 이 두 가지는 채널 성장의 핵심이다. 당신의 고양이 콘텐츠가 계속 추천을 받을 수 없는 이유도 시청 시간 때문이다. 영상이 추천되는 범위가 넓어질수록 관심도가 적은 시청자에게 닿게 된다. 그럴수록 영상 시청 중 이탈하는 사람들이 늘어난다. 결국 더 이상 유튜브의 추천을 받을 수 없게 된다. 평균적으로 시청을 지속하는 시간이 줄어들기 때문이다. 참고로 영상 시청 시간에 대한 통계는 각자의 채널 내에 있는 '크리에이터 스튜디오'에서 확인할 수 있다.

유튜브 지표로 확인할 수는 없지만, 영상의 매력도를 평가하는 기준으로 '시청 지속률'이라는 개념도 있다. 평균적으로 시청이 지속된 시간을, 전체 영상 시간으로 나누는 것이다.

$$시청\ 지속률(\%) = \frac{평균\ 시청\ 지속시간(분,\ 초)}{영상의\ 총\ 재생시간(분,\ 초)} \times 100$$

    예를 들어, 당신이 2분짜리 영상을 업로드 했다고 치자. 이 영상을 시청자들이 평균 1분간 시청했다면 시청 지속률은 50%이다. 보통 시청 지속률을 60~70% 이상 유지해야 유튜브 알고리즘의 수혜를 받을 수 있다고 이야기한다. 이는 결코 쉬운 일이 아니다. '시청 지속률'을 생각한다면 지루하고 긴 영상보다, 임팩트 있는 짧은 영상이 유리할 수 있다. 긴 영상은 그 시간동안 계속 시청자의 눈을 사로잡기가 어렵기 때문이다. 그래서 5~7분짜리 영상이 가장 최적의 시간이라고 이야기하기도 한다.

    결국 유튜브 알고리즘의 핵심은 '시청 지속률'이다. 따라서 채널을 성장시키기 위해서는 많은 사람들이 오랫동안 시청을 지속하는 좋은 콘텐츠가 필수이다. 자극적인 제목으로 영상의 조회 수는 올릴 수는 있으나, 콘텐츠의 질이 떨어지면 절대로 시청 시간을 확보할 수 없을 것이다. 거듭 강조하지만, 중요한 것은 콘텐츠라는 것을 다시 한 번 확인할 수 있다.

5 ⟶ 유튜브 때문에 사표 쓰면 안되는 이유

마지막으로 직장을 때려치우고 유튜브를 하면 안 되는 이유에 대해 이야기하려 한다. 나는 당신의 유튜브 도전은 응원하지만, 당신이 호기롭게 내던지는 사표는 반기지 않는다. 유튜브는 분명 매력적이다. 유튜브를 향한 당신의 열정은 불타오르고 있다. 하지만 종종 우리는 냉정할 필요가 있다. 당신이 사활을 걸고 유튜브에 뛰어든다 해도 성공을 보장받을 수는 없다. 직장을 떠나 유튜브로 경제적인 독립을 꿈꾸는 독자들에게는 미안한 이야기이다. 절대 당신의 능력을 폄하하는 것이 아니다. 지금부터 그 현실적인 이유를 살펴보자.

첫 번째는, 기본적으로 유튜브는 예측이 어렵기 때문이다. 2011년 4월, 〈Nyan Cat〉이라는 영상이 유튜브에 업로드 되었다. 단지 고양이 캐릭터가 달려가는 모습을 반복적으로 보여주는 이 영상은 2011년 조회 수 5위를 기록했다. 특별할 것 없어 보이는 이 영상이 세계적인 인기를 얻을 것이라고 누가 예상이나 했겠는가? 유튜브에서 어떤 콘텐츠가 잘될지 '정확하게' 예측할 수 있는 사람은 없다. 수많은 콘텐츠, 채널, 크리에이터, 시청자가 상호작용하는 이 세계에서는 모든 것이 불확실하다. 신영준 박사는 유튜브는 '복잡계'이기 때문에 아무도 모른다고 말한다. 한 마디로 예측 불가능의 세계다.

다행히 대체적인 경향성은 파악할 수 있다. 따라서 경향성을 바탕으로 예측을 하고, 예측이 틀리면 바로 수정된 전략을 적용하는 방식으로 유튜브에 접근해야 한다. 이렇게 유튜브에는 많은 변수가 있다는 것을 잊지 말자.

두 번째 이유는, 유튜브 영상의 제작 시간과 성과는 비례하지 않기 때문이다. 이게 무슨 의미냐 하면 콘텐츠에 투자하는 시간과 조회 수가 비례하지 않는다는 이야기이다. 유튜브는 예측이 어렵다는 말과 같은 맥락이다. 각 채널의 1등 영상을 기획하는 단계부터 '이건 1위가 된다'고 예측한 이는 없다. 반대로 정말 혼신의 힘을 다해 만든 영상이 고배를 마시기도 한다. 그냥 열심히 하면 되는 것이 아니다. 대책 없이 들릴 수도 있지만 '운'도 있다. 한 마디로 통제 불가능이다.

운만 믿으며 아무 것도 안하고 있으면 될까? 아니다. 통제의 어려움을 수용하고, 내가 통제할 수 있는 부분에 집중해야 한다. 더욱 제대로 된 채널을 기획하고 운영해야 한다. 인생도 마찬가지다. 지금의 내 선택이 나를 어디로 데려다 줄지는 아무도 모른다. 하지만 그렇기 때문에, 내 앞에 주어진 일에 최선을 다해야 한다. 언제 기회가 찾아올지 모르기 때문이다. 그러다 보면 성과는 자연스럽게 나를 찾아올 것이다.

세번째는, 크리에이터의 수입이 고정적이지 않기 때문이다. 조회 수의 등락에 따라 크리에이터의 광고 수입은 들쑥날쑥 한다. 당신이 고정적인 월급에 익숙해져 있는 사람이라면, 이 변동성을 감당하기 쉽지 않다. 점점 조회 수와 구독자수에 민감해지기 시작하고 불안함을 견디기 힘들 수 있다. 사표까지 쓰고 유튜브에 모든 것을 거는 행동은 그래서 위험하다.

유튜브 때문에 직장을 그만두면 안 되는 마지막 이유는, 이 모든 과정이 무척 고독한 싸움이 되기 때문이다. 직장을 그만두는 순간, 취미였던 유튜브는 '일'이 된다. 이 일을 통제하는 것은 오로지 자기 자신이다. 직장 상사의 눈치가 아닌 스스로 눈치를 봐야 한다. 주어진 시간을 온전하게 통제하고, 일상적으로 영상을 만들고 올릴 자신이 있는지 스스로에게 물어보자.

처음부터 유튜브에 올인하지 말자. 유튜브가 대세임은 맞으나, 확신 없이 느낌만으로 유튜브에 모든 것을 걸면 안된다. 그보다는 현재의 상황 안에서 유튜브에 도전해보자. 영상 만들기에 투자하는 시간을 조금씩 늘려가며, 현명하게 자신의 가능성을 시험해보는 것이다. 직장 바깥의 사이드 프로젝트를 통하여 크리에이터의 길에 들어선 사례는 많다. 유튜브 도전에 최선을 다하되, 처음부터 위험한 선택을 하지는 않았으면 한다.

유튜버가 되는 가장 어려운 방법

당신에게 유튜브는 무엇인가? 유튜브라는 신세계에서 당신은 무엇을 찾고자 하는가? 돈을 위해, 개인의 경력을 위해, 제품이나 브랜드의 홍보를 위해 시작하는 사람도 있다. 단순하게 일상의 기록이나 취미생활을 위해 시작하는 사람도 있다. 시작이 어찌되었든, 유튜브는 기대 이상의 무엇을 가져다 줄 것이다. 하지만 다시 한 번 '성공한' 유튜버의 길은 힘든 길임을 상기해야 한다. 이들의 성공이 쉬워 보이는 이유는 전통적인 성공 방식과 다르게 성공했기 때문이다. '다름'이 '쉬움'을 의미하지는 않는다.

한 가지 희망은, 지금도 어딘가에서 유튜브 스타가 등장하고 있다는 것이다. 그들은 평범한 대학생이자 우리 주변에 사는 알바생이었다. 평범한 사람도 충분히 할 수 있는 것이 유튜브다. 예쁘고 잘난 이들의 스타성보다, 평범한 이들의 진정성과 기획력이 점점 더 빛을 발하고 있다.

희망적인 이야기는 또 있다. 유튜브를 하다보면 시청자의 차가운 반응을 견디기 힘들 수도 있다. 하지만 언젠가 기회는 온다. 어느 채널이나 '뜨는 지점'이 있다. 그러니 때를 기다리며 묵묵히 나아가자. 일단 구독자가 조금씩 늘어나고 탄력을 받으면 그 다음은 쉽다. 구독자 100명 모으기가 가장 어렵다고 한다. 1,000명 모으기는 이보다 쉽고, 10,000명 모으기는 더 쉽다는 것이 여러 유튜버들의 조언이다.

유튜브에서 성공한 사람들의 공통점을 딱 하나만 꼽자면 뭐가 될 수 있을까? 바로 유튜브로 자신이 정말 하고 싶은 일을 하고 있다는 것이다! 앞서 제시한 10가지 전략의 밑바탕에는 모두 '자신에 대한 이해'가 전제되어 있다.

자신만의 무기를 만들라는, 자발성을 바탕으로 그 과정을 즐기라는, 꾸준함과 성실함이 중요하다는 유튜브 조언은 사실 모두 같은 이야기다. 왜냐하면 좋아하지 않으면 즐길 수도 꾸준할 수도 없기 때문이다. 유튜브로 성공하고 싶으면 진짜 자신을 찾아야 하는 것이다.

유튜브 성공은 결국 '자기를 찾아가는 과정'이다. 가장 가까우면서도 가장 먼 것이 자기 자신이지 않을까 싶다. 자신의 장단점을 바르게 알고 자신의 재능을 현명하게 이용하는 사람은 많지 않다. 대부분은 현실에 치여 자신을 돌아볼 여유도 없다. 만약 자신을 정확하게 이해하고 활용할 수 있다면, 그 다음은 행동하기만 하면 된다. 자신을 제대로 이해하면 성공에 가까워질 것이다. 이는 유튜브 성공을 넘어 삶의 성공에 가까워지는 방법이기도 하다.

우리는 이 책을 통해 유튜브에 대해 충분히 이해하는 시간을 가졌다. 성공한 유튜버들의 사례를 통해 크리에이터로 성공하는 방법도 익혔다. 남은 것은 행동뿐이다. 매일 20~30km를 달려야 하는 마라톤 선수도 집 앞 현관을 벗어나는 일이 가장 힘들다고 하지 않던가. 일단 시작하면 뭐가 될지 모르는 일이다. 시작해봐야 끝을 알 수 있다. 앞뒤 재지 말고 일단 도전해보자. 작고 보잘것없어 보이는 재능도 유튜브에서는 새로운 콘텐츠가 될 수 있다.

'성공한' 유튜버가 되는 가장 쉬운 방법은 없다. 하지만 가장 어려운 방법은 있다. 그 방법은 도전 자체를 하지 않는 것이다. 도전하지 않으면 아무 일도 일어나지 않는다. 그러니 도전해보자. 도전을 시작하고, 끊임없이 고민하고, 자신을 드러내는 노력을 마다하지 않는다면, 유튜브 성공은 어느새 당신 곁에 와 있을 것이다.

• 참고문헌

나동현, 『유튜브의 신』, 비즈니스북스, 2018.

샌드박스네트워크, 『나는 유튜브 크리에이터를 꿈꾼다』, 위즈덤하우스, 2018.

이승윤 · 안정기, 『평범한 사람들의 비범한 영향력, 인플루언서』, 넥서스BIZ, 2018.

로버트 킨슬 · 마니 페이반, 『유튜브 레볼루션』, 더퀘스트, 2018.

케빈 알로카, 『유튜브 컬처』, 스타리치북스, 2018.

노가영, 『유튜브 온리』, 미래의 창, 2017.

김천수 · 유재혁, 『1인 미디어 시대의 글로벌 스타들』, 클라우드나인, 2017.

윤서영, 『1인 미디어 시대, 영향력있는 BJ, 유투버를 꿈꾼다』, 커리어북스, 2016.

박경배 외 6명, 『옆집 순이가 안방에서 10억 번 사연』, 티더블유아이지, 2016.

허팝, 『허팝과 함께하는 유튜브 크리에이터 되기』, 한빛미디어, 2017.

고퇴경, 『나는 유튜브로 논다』, 넥서스BOOKS, 2018.

비피기술거래, 『1인 미디어 방송 산업분석보고서』, ㈜비피타임즈, 2018.

김난도, 『트렌드 코리아 2019』, 미래의 창, 2019.

예병일, 『책 읽어주는 남자, 10년의 노트』, 21세기북스, 2014.

채널 기획부터 스타 유튜버가 되기까지, 크리에이터를 위한 10가지 성공 도구

유튜브는 처음입니다만

초판 1쇄 발행 2019년 5월 13일
초판 2쇄 발행 2020년 8월 10일
지은이 서민재

펴낸이 민혜영 ㅣ **펴낸곳** (주)카시오페아 출판사
주소 서울시 마포구 월드컵로 14길 56, 2층
전화 02-303-5580 ㅣ **팩스** 02-2179-8768
홈페이지 www.cassiopeiabook.com ㅣ **전자우편** editor@cassiopeiabook.com
출판등록 2012년 12월 27일 제2014-000277호
편집 최유진, 진다영 ㅣ **디자인** 고광표, 최예슬 ㅣ **마케팅** 허경아, 김철

ISBN 979-11-88674-62-6 03320

이 도서의 국립중앙도서관 출판시도서목록 CIP은 서지정보유통지원시스템 홈페이지(http://seoji.nl.go.kr와
국가자료공동목록시스템 http://www.nl.go.kr/kolisnet에서 이용하실 수 있습니다.
CIP제어번호: CIP2019015975

• 잘못된 책은 구입한 곳에서 바꾸어 드립니다.
• 책값은 뒤표지에 있습니다.